Zimmerpflanzen

Ursula Braun-Bernhart

KOSMOS

Die schönsten Wohnträume in Grün

Zimmerpflanzen-Highlights für jeden Geschmack

Kreative Ideen für Pflanzen und Töpfe

Wintergarten – Platz für Exoten

Zimmerpflanzen im Porträt

Das große Pflege-1x1

Anhang

Die schönsten Wohnträume in Grün

5
4
3
2
1
Monday
Tuesday
Wednesday

Ganz gemütlich

■ PLATZ NEHMEN UND WOHL FÜHLEN Wer möchte nicht auf diesem kuscheligen Sofa sitzen und es sich umgeben von attraktiven Pflanzen gut gehen lassen? Ob die ganzjährig rot blühende Flamingoblume (1), das wärmeliebende Riesenblättrige Pfeilblatt (2), *Alocasia macrorrhiza*, das Mandarinenbäumchen (3) mit Nachbar Kokospalme (4), das Zypergras (5), die Säulen-Euphorbie (6), das Zitronenbäumchen (7) oder die prachtvolle Zamioculcas (8) – sie alle zählen zu den Trendpflanzen der letzten Jahre. Gefäße in Blautönen, Türkis und Silber ergänzen wunderschön das moderne Design der Einrichtung.

1
2
3
4

Blütenstars

PFLANZEN-ECKE FÜR MUSSE-STUNDEN In diese „grüne" Nische, umsäumt vom stattlichen Einblatt (links) und einem prächtigen Schwertfarn (rechts) möchte man sich gerne zurückziehen. Zeitung lesen, Musik hören oder fernsehen bereitet in diesem Ambiente richtig Freude. Farbtupfen von Hibiskus (1), Begonie (2+6) und Orchideen (3) setzen Wohlfühl-Akzente und verleihen dank der konsequent in Weiß gehaltenen Übertöpfe der ganzen Raumsituation eine schlichte Eleganz. Der Säulenkaktus (4) setzt mit seinem Wuchs einen interessanten Kontrast. Für mediterranes Flair sorgt die zartgrüne Zimmerzypresse (5, *Cupressus macrocarpa*). Noch steht das kleine, pyramidenförmige Bäumchen auf der hellen Fensterbank. Ende Mai geht es dann für ein paar Monate raus in die Sommerfrische auf die Terrasse oder in den Garten.

1
3
4

Kleines Paradies

■ **NEU ENTDECKT: GEMÜTLICHER LANDHAUS-CHARME**
Hier möchte man eintreten und sich wohlfühlen, auch wenn das Ambiente ein bisschen improvisiert aussieht. Aber nichts ist Zufall. Der Stil-Mix von Gartenbank und Holzstuhl ist gewollt und wirkt in Verbindung mit der gemusterten Decke und den Kissen sehr harmonisch. Ein stattliches Pachira-Bäumchen (1) und ein üppiger Drachenbaum (2) sorgen für grüne Blickpunkte im Hintergrund. Topfröschen (3, im Metalltablett), daneben zwei Aschenblumen (4), eine Blüten-Begonie (5) und vorne rechts eine prachtvolle Azalee (6) sind die Super-Stars.

Uwe Koch
Das Gewicht der Stimme
Rotbuch Verlag

Zimmerpflanzen-Highlights für jeden Geschmack

Farbenfrohes Ambiente & traditionelle Pflanzen

■ **FARBENFROH KOMBINIERT**
Das wunderschön blühende Azaleen-Hochstämmchen *(Rhododendron-Simsii*-Hybride), der Drachenbaum (*Dracaena*, links) und die *Pachira* mit ihrem geflochtenen Stamm (hinten) ergänzen sich perfekt. Die Azalee hat ihren großen Auftritt von November bis April. Sie bevorzugt feuchte Erde und verträgt nur kalkfreies Wasser. Die beiden Blattpflanzen dagegen sind ganzjährig attraktiv. Sie möchten hell stehen und müssen erst gegossen werden, wenn die Oberfläche der Pflanzerde abgetrocknet ist. Tipp: Die bunten Kunststoffflechtkörbe sind nicht wasserdicht, daher mit wasserfester Folie oder einer dünnen Kunststoffschale auskleiden. Danach so hoch Blähton oder ein anderes Tongranulat einfüllen, dass das Pflanzgefäß knapp unterhalb des Korbrandes abschließt.

Der Landhaus-Stil lässt sich mit „gemütlich, bequem und praktisch" umschreiben. Die dazu passenden Pflanzen sind mehr oder weniger traditionell. Das gilt auch für das Mobiliar und die Accessoires. Übertöpfe müssen nicht mehr unbedingt weiß oder schlicht terrakottafarben sein und auch die Sitzmöbel sind nicht mehr nur in beständigen Mustern gepolstert. Längst zählen nicht mehr Perfektionismus bis ins kleinste Detail, sondern Gemütlichkeit und eine warme Ausstrahlung. Das Zweisitzersofa oder der bequeme Sessel dürfen gerne bunt kariert sein oder durch ein Blütendekor auffallen. Natürliche Materialien, wie Holz oder Naturstein – auch als Bodenbelag – sowie gewischte Wände in dezenten Farben sind ideale Voraussetzungen für behagliches Wohnen.

Die Pflanzenauswahl für den Landhaus-Look ist unendlich groß. Dazu gehören Zimmerbäumchen mit geradem oder geflochtenem Stamm. Zu den Klassikern unter ihnen zählen Zimmerlinde, Strahlenaralie, Baumfreund, Bogenhanf, Drachenbaum, Gummibaum, Fensterblatt, Grünlilie oder Henne mit Küken.

Alpenveilchen, Azaleen, Hortensien, Flammendes Käthchen, Riemenblatt, Usambaraveilchen,

■ **TRADITIONELL Alle Jahre wieder: Alpenveilchen *(Cyclamen persicum)*, trotz heikler Pflege. Ideal ist ein heller, kühler Platz.**

Weihnachtskaktus oder Zimmer-Begonien sind farbenfrohe Blickfänge. Zum ländlichen Stil lassen sich auch sehr schön Gerbera oder Topfrosen kombinieren.
Entscheiden Sie sich für Pflanzen, die Ihrem Geschmack am besten entsprechen. Ist das Mobiliar eher schlicht und in Naturfarben gehalten, drängen sich Übertöpfe in frischen Farben geradezu auf. Eine Ball-Hortensie macht sich im blau oder rötlich glasierten Terrakottatopf sehr schön. Weitere Hingucker: eine üppige *Asparagus*-Pflanze oder ein ausladender Schwertfarn in einem hohen Flechtkorb. Gewagt, dafür aber von fröhlicher Ausstrahlung, ist unser Beispiel mit den farbenfrohen Kunststoffkörben auf dem großen Foto gegenüber.

AUSSERGEWÖHNLICHE HINGUCKER

Zier-Spargel *(Asparagus densiflorus)* bringt lange Triebe mit nadelartigen Blättern und gelegentlich Beeren (giftig!) hervor. Standort: Ost- oder Westfenster.
Leuchterblume *(Ceropegia linearis* subsp. *woodii)* ist eine pflegeleichte Pflanze mit kleinen Blättern an lang herabhängenden Stängeln. Standort: Süd-, Ost- oder Westfenster.
Kroton, Wunderstrauch *(Codiaeum variegatum)* wächst buschig mit wachsartigen Blättern in Gelb-Orange-Tönen. Kroton stets feucht halten. Beim Zurückschneiden tritt giftiger Milchsaft aus. Standort: Ost- oder Westfenster.
Kranzschlinge *(Stephanotis floribunda)*, eine Rankpflanze mit ledrigen Blättern und weißen, duftenden Blüten, darf man nach der Knospenbildung nicht mehr umstellen. Standort: Ost- oder Westfenster.

MIT AMPELPFLANZEN LÄSST ES SICH PRIMA GESTALTEN

- Entscheidend für gutes Wachstum sind das richtige Pflanzgefäß (genügend Platz für den Wurzelballen), ausreichend Licht und eine gute Wasserversorgung.
- Die Aufhängung unbedingt auf ihre Stabilität hin überprüfen (Foto rechts: Keramikgefäße mit Kette zum Aufhängen).
- Als Pflanzsubstrate eignen sich Hydrokultur (siehe S. 60–61) oder Seramis (siehe S. 62–63). Beide sind ideal, da es bei sachgemäßer Handhabung kaum zu Wurzelfäule kommt. Bei Verwendung von Zimmerpflanzenerde zum Schutz vor Staunässe zuerst Tongranulat als Dränage in das Gefäß füllen.
- Ampelgefäße haben in der Regel kein Wasserabzugsloch. Wenn das Gefäß jedoch groß genug und die Aufhängung stabil ist, kann es wie ein Übertopf verwendet werden: Die Pflanze sitzt im Kunststoff-Gefäß und steht auf Kieselsteinen im hängenden Übertopf.

Junges Wohnen – bunt & peppig

FILIGRANE ZIMMER-STARS Kentia-Palmen haben eine leichte, beschwingte Ausstrahlung und passen sehr gut in helle Räume mit hohen Fenstern. Das farbliche Zusammenspiel von Rot, Orange, Pink und Grün der Einrichtung und Accessoires, in Kombination mit den hoch wachsenden Kentiapalmen, verhelfen dem Raum zu mehr Lebendigkeit.

Junge Menschen, die sich ihre erste Wohnung einrichten, entscheiden sich häufig für den Kauf von Grünpflanzen. Zweierlei Dinge sprechen dafür: Zum einen stehlen sie weder den Möbeln noch den Accessoires die Show und zum anderen sind sie in der Regel pflegeleichter als

BLICKFANG In modernen Gefäßen mit Streifendesign und Kreisen sorgen die Kakteen (links Opuntie, rechts Euphorbie) garantiert für Aufsehen.

Blütenpflanzen. An einem sonnig-warmen Südfenster entwickeln sich Agaven *(Agave americana)* prächtig. Für besonderes Aufsehen sorgen Sorten mit panaschierten Blättern, wie 'Striata'. Doch wählen Sie ihren Platz mit Bedacht aus, denn die Blätter sind stark bedornt und können daher sehr gefährlich werden.
Äußerst faszinierend sind auch Dickblattgewächse, die es in verschiedenen Wuchsformen gibt. Der Geld- oder Pfennigbaum *(Crassula ovata)* wächst bäumchenartig und hat dickfleischige, grüne Blätter; die von *C. arborescens* sind grün mit rotem Rand. Beide kommen mit einer Minimal-Pflege aus. Ein weiterer, unkomplizierter Sonnenliebhaber ist der Bogenhanf *(Sansevieria trifasciata)*. Hierbei handelt es sich um eine recht traditionelle

■ **AFRICAN LOOK Die Kartonpapier-Palme (*Zamioculcas*) wirkt in hellen Tongefäßen besonders schön.**

BLÜTEN UND BLÄTTER, DIE FÜR AUFSEHEN SORGEN

Eine eher einfarbige, mit vielen Grünpflanzen ausgestattete Wohnung können Sie prima mit Kontrastfarben aufpeppen. Farbenfroh und nahezu ganzjährig erhältlich sind Topfrosen, Gerbera, Hortensien, Orchideen, Zimmerhopfen, Begonien oder Fleißige Lieschen (*Impatiens walleriana*; gibt es in reizvollem Pink). Oft genügt es schon, ein oder zwei bunt blühende Pflanzen im Raum aufzustellen.
Etwas weniger auffallend, dafür aber sehr elegant sind Pflanzen mit weiß- oder gelb-panaschierten Blättern, zum Beispiel Alokasie, Buntwurz, Efeu, Saumfarn, Grünlilie, Kletter-Feige und Dieffenbachie.

Pflanze mit schwertförmigen Blättern, die derzeit ihr großes Comeback feiert. Auch für diese Pflanze muss man fast nichts tun, außer zusehen, wie sie wächst und gedeiht, hin und wieder etwas gießen und düngen. Einziger Nachteil: Bogenhanf ist giftig. Vorsicht also bei Kindern im Haus!
Weniger stachelig, dafür zuweilen aber etwas divenhaft ist die allseits bekannte Birken-Feige *(Ficus benjamina)*. Neben den hier gezeigten Pflanzen gehören zum Beispiel auch der Elefantenfuß *(Beaucarnea recurvata)* sowie der Zimmerbambus *(Pogonatherum paniceum)* mit zu den Stars.

Begehrt – Zimmerpalmen

Allen voran die Kokospalme *(Cocos nucifera)*: Sie sieht super aus, braucht aber sehr viel beziehungsweise lange Licht, was im Winter schon problematisch sein kann. Falls zehn bis zwölf Stunden nicht gegeben sind, ist es sinnvoll, eine Pflanzenleuchte zu installieren. Ebenfalls attraktiv sind Betelpalme *(Areca catechu)*, Goldfruchtpalme *(Chrysalidocarpus lutescens)* und die Phoenixpalme, der es natürlich in einem Wintergarten besonders gut geht.

Farbenfrohes Drumherum

Um Grünpflanzen etwas mehr Schwung zu verleihen, stellt man sie in außergewöhnliche Übertöpfe. Der Feigenkaktus (*Opuntia*) im gestreiften Keramiktopf (S. 18 oben) ist der Hit, ganz gleich, wo er steht.

PREISWERTE DEKO FÜR JEDEN TAG

Ob auf einem gedeckten Tisch, einer Konsole, als Willkommensgruß in der Diele, im Badezimmer oder zum Träumen im Schlafzimmer: Margeritentöpfchen machen sich überall schön und sind recht preiswert. Einfach ein Mini-Pflänzchen oder mehrere im Gartencenter, beim Gärtner oder auf dem Markt kaufen und im Containertöpfchen mit Moos (gibt's in Blumengeschäften, Gartencentern oder gut sortierten Bastelläden) und Blumendraht umwickeln. Mit grünem oder andersfarbigem Band parallel zum Blumendraht umwickeln.
Ebenfalls sehr hübsch: Pflanztöpfchen, zum Beispiel mit Rosen, Glockenblumen, Traubenhyazinthen, Alpenveilchen, Usambaraveilchen oder Blauen Lieschen mit buntem Seidenpapier oder Karostoff-Resten dekorieren.

Zimmerlinde & Co brauchen's hell

PFLANZEN FÜR HELLE STANDORTE OHNE DIREKTE SONNE

- **Glanzkölbchen** *(Aphelandra squarrosa):* Höhe/Breite: 30–70/25–30 cm. Große, dunkelgrün-weiß geäderte Blätter und dekorative gelbe Blütenähren. Blütezeit: April bis September.
- **Blüten-Begonie** (*Begonia-Elatior-*Hybride): Höhe/Breite: 20–50/25 cm. Preiswert, mit gefüllten und ungefüllten Blüten in vielen verschiedenen Farben. Passt sehr gut zu Grünpflanzen. Blütezeit: ganzjährig.
- **Ixore** *(Ixora coccinea):* Höhe/Breite: 20–40/30–40 cm. Strauchförmig, dunkelgrüne Blätter und halbkugelförmige Blüten in Gelb, Orange, Rosa und Rot. Blütezeit: Mai bis September.
- **Flammendes Schwert** *(Vriesea):* Höhe/Breite: 20–40/20–40 cm. Attraktive, kolbenförmige Blattrosette in verschiedenen Rot-Gelb-Tönen, die nach der Blüte abstirbt. Blütezeit: ganzjährig.

■ DSCHUNGELFEELING **Was für ein Trio: Zimmerlinde *(Sparrmannia africana)*, Banane *(Musa acuminata)* und das beliebte Zypergras *(Cyperus alternifolius)* sind nicht nur wunderschön, sondern sorgen außerdem für ein gutes Raumklima. Überprüfen Sie regelmäßig den Wasserstand! Alle drei vertragen auch direkte Sonne.**

Damit sich Zimmerpflanzen auch wohl fühlen und gut gedeihen, ist unbedingt auf den Standort zu achten. Bevorzugen Pflanzen einen hellen und warmen Platz, heißt das nicht, dass

HORTENSIEN BEEINDRUCKEN IMMER

Hortensien blühen mehrere Wochen.

Große, ballähnliche Blüten zeichnen die Hortensien *(Hydrangea)* aus. Ihre Blütenfarben variieren von Weiß über Rosarot und Violett bis Hellblau. Eine große Pflanze im Weidenkorb mit mehreren, rosafarbenen Blütenstielen, verkörpert den perfekten Landhausstil. Anders dagegen weiß blühende Hortensien: Sie wirken elegant und festlich, was durch einen schlichten, weißen Übertopf noch unterstrichen wird. Gewöhnlich werden Hortensien nur eine Saison lang im Zimmer gehalten; sie möchten hell (West- oder Ostfenster) stehen, kalkfrei gegossen und von April bis August wöchentlich gedüngt werden. Nach der Blüte können sie raus ins Beet oder in einen großen Kübel (Azaleen-Erde) gepflanzt werden.

sie auch Sonne vertragen. Ganz im Gegenteil. Vor allem stundenlange Sonneneinstrahlung am Nachmittag muss vermieden werden, sonst kann es zu Brandschäden kommen und zum Absterben der Pflanzen.

Der Platz am Fenster

Wärmeliebende Pflanzen vertragen keinen kühlen Durchzug. Besonders im Winter ist Vorsicht geboten. Überprüfen Sie beizeiten Ihre Fenster. Zieht es durch die Ritzen, sollten Sie diese unbedingt mit Klebeband abdichten. Effektiv ist es, zu investieren und den Fensterbauer zu beauftragen, denn gerade Holzfenster können sich mit den Jahren stark verziehen. Pflanzgefäße, die auf einer Fensterbank oder einem Boden aus Steinplatten stehen, unterlegt man im Winter mit Kork oder Styropor. Beides bekommen Sie im Baumarkt. Dadurch lässt es sich leicht und effektiv vermeiden, dass die Pflanzen kalte Füße bekommen und krank werden. Auch ein zu warmer Fußboden, wie etwa bei der Bodenheizung, kann sich negativ auswirken. In diesem Fall ist es ratsam, den Übertopf eine Nummer größer zu wählen und ihn mit einer drei bis vier Zentimeter dicken Styroporschicht aufzufüttern. So können Kälte oder Wärme keinen Schaden im Wurzelbereich anrichten.

Allerdings, auch wenn Kälte und Durchzug von Ihren grünen Schützlingen nicht vertragen wird, kann auf tägliches Lüften nicht verzichtet werden. Die Pflanzen zu diesem Zweck kurz zur Seite stellen und die Fenster fünf Minuten so weit wie möglich öffnen. Danach die Pflanzen wieder zurück auf die Fensterbank stellen.

■ **FARBENFROH** **In diesem fröhlich-bunten Keramiktopf sieht der Elefantenfuß *(Beaucarnea recurvata)* mit seinen langen Blättern super elegant aus. Platzieren Sie die imposante Pflanze am besten warm und hell.**

■ **SCHMUCKSTÜCK** **Wird die Pentas *(Pentas lanceolata)* mit etwas Dekomaterial herausgeputzt, schmückt sie den Tisch wie ein Blumenstrauß. Ihre Blütezeit ist vor allem im Sommer.**

Schattenkünstler – Pflanzen für den Halbschatten

HÜBSCHES DUO: Einblatt (*Spathiphyllum*) kommt in bunten Glasübertöpfen super zur Geltung.

Schöne und gesunde Pflanzen erfordern nicht allein eine gute Pflege. Vielmehr hat erfolgreiches „Zimmergärtnern" in erster Linie damit zu tun, dass sich die Pflanzen an ihrem Platz wohl fühlen. Denn was tun, wenn Sie eine Pflanze geschenkt bekommen, deren Standortbedingungen Sie absolut nicht erfüllen können, weil Ihre Wohnung zum Beispiel zu dunkel ist? In diesem Fall bleibt nur eins: den Lichtbedarf durch Aufhängen einer Pflanzenleuchte zu pushen. Es gibt sie in großen Gartencentern, im Baumarkt und natürlich auch in Fachgeschäften.

PFLANZEN FÜR DAS NORDFENSTER

- **Kolbenfaden** *(Aglaonema)*: Grünblättrige Arten gedeihen prima im Schatten bei hoher Luftfeuchtigkeit und hohen Temperaturen.
- **Frauenhaarfarn** *(Adiantum raddianum)*: Ideale Badezimmerpflanze, braucht hohe Luftfeuchtigkeit; nicht auf beheizte Fensterbank stellen.
- **Nestfarn** *(Asplenium nidus)*: Braucht hohe Luftfeuchtigkeit; öfter mit kalkfreiem, vorgewärmtem Wasser einsprühen.
- **Blatt-Begonie** *(Begonia rex)*: Schön gefärbte Blätter; braucht feuchte Luft (aber nicht besprühen); keine Zugluft!
- **Klimme** *(Cissus)*: Attraktive Blattpflanze für Ampeln und Klettergerüste, zum Beispiel als Raumteiler.
- **Simse** *(Scirpus cernuus)*: Fadenförmige Blätter; für Ampeln geeignet; liebt hohe Luftfeuchtigkeit, braucht ständig etwas Wasser im Untersetzer.

Schöner Kontrast – Nestfarn im bunten Topf

PFLANZENGLÜCK HÄNGT AUCH VOM LICHT AB

Klein bleibende Blätter, kümmerliches Wachstum, das Vergrünen bunter Blätter, geringe oder keine Neubildung mehr von Blütenknospen, Neutriebe werden zu lang und sind zudem dünn und weich – daran kann Lichtmangel Schuld sein. Tritt eines dieser Symptome auf, ist umgehend der Standort der betreffenden Pflanze zu überprüfen. Die Lichtstärke können Sie einfach mit einem speziellen Lichtmesser, einem sogenannten Luxmeter (Fachhandel), messen. Pflanzen, die nur wenig Licht brauchen, benötigen etwa 500 Lux (Nordfenster), Pflanzen, die halbschattig stehen wollen, benötigen etwa 1000 Lux (Ost- oder Westfenster) und Pflanzen mit sehr hohem Lichtbedarf brauchen 1500 bis 2000 Lux (Südfenster). Sind diese Lichtmengen nicht gegeben, lässt sich das Problem durch gezieltes Anbringen von Pflanzenleuchten lösen.

■ Dunkle Standorte lassen sich mit speziellen Pflanzenleuchten aufhellen.

■ Mit einem Luxmesser können Sie leicht feststellen, ob Ihre Pflanze ausreichend Licht abbekommt.

Falls Ihre Wohnung generell etwas dunkel ist, ist es ratsam, vor dem Kauf von Zimmerpflanzen gezielt nach für Schatten geeigneten Pflanzen Ausschau zu halten. Dazu gehören zum Beispiel die Bergpalme *(Chamaedorea elegans)*, das Einblatt *(Spathiphyllum)*, die Grünlilie *(Chlorophytum comosum)* oder die Efeuaralie (× *Fatshedera*). Auch die sehr attraktive Zamioculcas *(Zamioculcas zamiifolia)* kommt bestens mit einem halbschattigen Platz zurecht.
Wunderbare Farbkleckse bringen Blüten-Begonien, Usambaraveilchen und Fuchsien sowie eine Vielzahl von Saisonpflanzen. In den Blütenfarben Sonnengelb, Pink oder Rot erfreut uns die Gerbera, die es mittlerweile nahezu ganzjährig im Gartencenter gibt, über mehrere Wochen.

Extra-Portion Pflege

Gerade wenn die Lichtverhältnisse nicht optimal sind, brauchen Ihre grünen Lieblinge besondere Aufmerksamkeit.
Stellen Sie sie nicht zu dicht nebeneinander, damit die Blätter sich nicht noch gegenseitig Licht wegnehmen und sich auch ungehindert ausbreiten können. Bei großflächigen Blattpflanzen, wie der Zamioculcas oder auch dem Nestfarn, sollten alle vier bis sechs Wochen die Blätter mit einem feuchten, weichen Tuch abgewischt werden, damit sich nicht zu viel Staub darauf sammelt. Kleinblättrigen Blattpflanzen tut hin und wieder eine Dusche gut. An Nordfenstern besser auf Vorhänge verzichten, als natürlichen Sichtschutz bietet sich eine Hängeampel zum Beispiel mit Efeu an.

Aufhellend auf die Raumsituation wirken sich auch weiße Wände aus.

■ KLEIN, ABER FEIN Mooskraut *(Selaginella)* ist in den letzten Jahren ganz groß in Mode gekommen. Das niedrig bleibende Gewächs sieht imposant aus, braucht nur wenig Pflege und liebt eine hohe Luftfeuchtigkeit.

Gelungenes Comeback: Topf-Favoriten aus Großmutters Zeit

■ **TEMPERAMENTVOLLE WINTERSCHÖNHEIT** **Der Ritterstern (*Hippeastrum*-Hybride) ist ein ganz besonderes Gewächs. Mit etwas Glück kann er schon zu Weihnachten blühen. Zwiebeln zum Antreiben gibt es ab September im Handel, blühende Pflanzen in der Regel von Ende Dezember bis April. Während dieser Zeit die Pflanze stets mäßig feucht halten, nach dem Verblühen den Blütenstiel abschneiden.**

Eine Vielzahl von Pflanzen feiert derzeit ihr Comeback. Der Gummibaum (*Ficus elastica*) beispielsweise wächst unter optimalen Bedingungen innerhalb weniger Jahre zu einem stattlichen Baum heran. Zu den ebenfalls wuchsfreudigen Nostalgie-Pflanzen gehört die Zimmerlinde (*Sparrmannia africana*). Sie treibt streichelzarte, große Blätter und erfreut mit weiß-gelben Blüten in den ersten Monaten des Jahres. Allerdings hat sie es heute schwerer als früher. Denn einst schmückte sie vorwiegend die gute Stube, und die wurde im Gegensatz zu heute im Winter nur zu Festtagen oder zu ganz besonderen Anlässen geheizt. Das tat ihr besonders gut. Denn kühle, frische Luft und viel Licht sind reines Lebenselixier für sie.

Altbekannt und doch neu

Interessanterweise sind momentan nicht nur traditionelle Zimmerpflanzen aktuell, sondern auch wieder Massivholzmöbel und Blümchentapeten. Selbst zahlreiche Küchengeräte werden im Nostalgie-Look angeboten. Sie gleichen jedoch nur äußerlich denen aus der guten alten Zeit. Die technische Ausstattung entspricht dem neuesten Stand.

Bei manchen Pflanzen ist das ganz ähnlich. Begonien zum Beispiel sind seit jeher sehr beliebt. Fasziniert haben sie immer schon durch ausdrucksstarke, farbenfrohe Blüten. Doch heutige Sorten sind bedeutend pflegeleichter zu halten. Sie werden seltener krank und erfreuen mit überreichem Blütenflor. Früher wie heute wurde die Begonie nach der Blüte entsorgt. Was aber nicht sein muss. Ein Bego-

■ BEZAUBERND Hibiskus gedeiht sehr gut in hellen Räumen und am Fenster. Wichtig sind Wärme und regelmäßiges Lüften.

■ VON WEGEN ALTMODISCH Die Grünlilie ist seit Generationen ein Star unter den Zimmerpflanzen. Das Besondere: Dank der Kindelpflanzen gelingt die Vermehrung problemlos.

nienzüchter gab mir den Tipp, die Pflanze nach der Blüte rigoros zurückzuschneiden und zu düngen. Und siehe da, die Pflanze trieb neu aus und wurde noch prächtiger als zuvor. Ebenfalls stark gefragt sind nach wie vor Bogenhanf (*Sansevieria-trifasciata*-Sorten), die hängende und wunderschön blühende Kolumnee *(Columnea)*, der pflegeleichte Wunderstrauch *(Codiaeum variegatum)* mit seinen auffallenden Blättern und das wuchsfreudige Fensterblatt *(Monstera deliciosa)*.

RITTERSTERN – IMMER WIEDER ÜBERRASCHEND

■ **Beliebt, aber etwas heikel: das Antreiben im speziellen Zwiebel-Glas**

Die Blütezeit des Rittersterns *(Hippeastrum)* ist im Winter. Das herrlich blühende Zwiebelgewächs kann Ende November angetrieben werden: Die Zwiebel in einen nicht zu großen Topf geben und bis maximal zwei Drittel mit Erde bedecken. Nicht gießen. Sind die ersten Triebe etwa 20 cm hoch, etwas Wasser in den Untersetzer geben und fortan immer wieder mäßig gießen.
Nach der Blüte die Stängel knapp über der Erde abschneiden und regelmäßig düngen. Das Gefäß bis nach den Eisheiligen frostfrei aufstellen; ab Anfang August die Wasser- und Düngegaben deutlich reduzieren und ab September ganz einstellen. Die Zwiebel rausnehmen und dann trocken, dunkel und kühl aufbewahren.

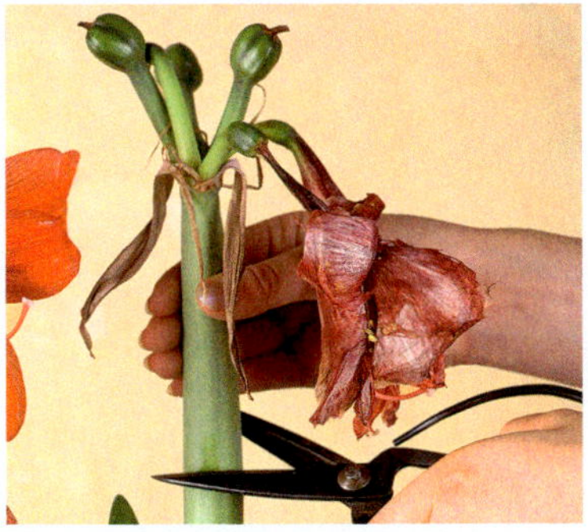

■ **Verwelkte Blütenstiele knapp über der Topferde abschneiden.**

Blütenzauber – von exotisch bis traditionell

■ **BELIEBTE KLASSIKER** Rote Gerbera, gelb blühende Zimmerkalla (*Zantedeschia*) und violette Glockenblumen geben ein hübsches Trio ab. Während die Schönheit von Gerbera und Glockenblumen nur von kurzer Dauer ist, ist die Zimmerkalla ein dankbarer Dauergast und sieht selbst während ihrer Blühpause attraktiv aus. Im Sommer steht die Kalla auch gerne draußen, an einem regengeschützten Platz.

Wie draußen die Beete im Garten, so farbenfroh lässt sich auch das Haus mit Pflanzen gestalten. Und zwar rund ums Jahr – seien es Klassiker, wie Orchideen und Flammendes Käthchen, oder etwas ausgefallenere Pflanzen, wie Hibiskus *(Hibiscus)*, Medinille *(Medinilla magnifica)*, Orangenblume *(Choisya)*, Schönmalve *(Abutilon)*, Kurkuma *(Curcuma zedoaria)* oder ein Zitronenbäumchen. Zitrusgewächse faszinieren vor allem dadurch, dass sie zeitgleich blühen und Früchte tragen. Hinzu kommt ihr wundervoller Blütenduft.

Ein Besuch im Blumenladen kann zum wahren Kaufrausch ausarten. So groß ist die Auswahl. Zu meinen persönlichen Favoriten zählen Elatior-Begonien und Ball-Hortensien, die vor allem im Frühsommer angeboten werden. Bei den Hortensien sind es die barocken Blütenbälle und bei den Begonien ist es die immense Farbenvielfalt, die allzu verführerisch ist. Allerdings braucht die Hortensie im Zimmer sehr viel mehr Aufmerksamkeit als ausgepflanzt im Beet. Damit ihre barocken

■ **DAUERBRENNER** Bromelien, hier *Vriesea* und *Guzmania*, sind äußerst dankbare und pflegeleichte Pflanzen. Sie blühen über Monate hinweg – viele von ihnen allerdings nur einmal.

Blüten möglichst lange durchhalten, ist ein Platz am Ost- oder Westfenster empfehlenswert. Gedüngt wird von April bis August wöchentlich. Nach der Blüte ist es dann ratsam, die Pflanze in einen größeren Topf oder direkt raus ins Gartenbeet zu pflanzen.

Kombinationen mit Blattschmuckpflanzen

Blühende Zimmerpflanzen verleihen jedem Raum eine ganz individuelle Note. Besonders schön ist die Wirkung, wenn sie mit grünblättrigen Gewächsen kombiniert werden. Dadurch kommen die Farben noch besser zur Geltung. Zum Beispiel eine pinkfarbene Orchidee in Begleitung von Kletter-*Ficus*, Baumfreund, Frauenhaarfarn oder einem Zimmerbambus.

Blüten für zwischendurch

Und nicht vergessen: Zu jeder Jahreszeit gibt es preiswerte Saisonpflanzen, wie Stiefmütterchen, Narzissen, Tulpen, Glockenblumen oder Erika, die für mindestens mehrere Wochen die Wohnung schmücken. Danach allerdings sind sie meist verblüht und werden in den Garten umgesiedelt.

BLICKFANG Die attraktive Browallie *(Browallia speciosa)* wirkt dank der Umwickelung mit Draht und Sisal noch schöner. Es gibt sie auch mit weißen Blüten. Bevorzugen Sie beim Kauf Pflanzen, deren Blütenknospen gerade so weit offen sind, dass Sie die Farbe erkennen. Die Erde immer leicht feucht halten und Verblühtes abschneiden. Das regt die Verzweigung an und es bilden sich reichlich neue Knospen.

EIN ECHTER BLÜTENSTAR

Das Fleißige Lieschen *(Impatiens Neu-Guinea)*, oben die Sorte 'Paradise Parita' im apfelgrünen Übertopf, macht seinem Namen alle Ehre: Es blüht ganz bezaubernd, ausdauernd und ist wuchsfreudig. Am liebsten steht die Pflanze an einem hellen, aber nicht sonnigen Platz. Die Erde stets feucht halten, jedoch vor Staunässe schützen und von März bis September wöchentlich düngen.

ATTRAKTIVE, FARBENFROH BLÜHENDE ZIMMERPFLANZEN

Name	Standort	Blütezeit
Flamingoblume (*Anthurium*-Hybriden)	hell bis halbschattig, warm	ganzjährig
Glanzkölbchen *(Aphelandra squarrosa)*	hell, warm	April bis September
Blaues Lieschen *(Exacum affine)*	hell bis halbschattig, warm	Mai bis September
Azalee (*Rhododendron-Simsii*-Hybriden)	hell bis halbschattig, kühl	Oktober bis April
Usambaraveilchen *(Saintpaulia ionantha)*	hell bis halbschattig, warm	Januar bis April
Einblatt *(Spathiphyllum)*	halbschattig bis schattig	ganzjährig
Drehfrucht *(Streptocarpus)*	hell bis halbschattig	April bis September
Flammendes Schwert *(Vriesea)*	hell, warm	ganzjährig

Fleischfressende Pflanzen – beliebt wie nie zuvor

Noch vor Jahren waren sie eher Ladenhüter, heute gehören sie zu den Kassenschlagern: Fleischfressende Pflanzen. Oft werden die bizarren Pflanzen als „Fliegenfänger" bezeichnet. Wörtlich genommen ist das natürlich zu hoch gegriffen. Doch es ist immer wieder ein spannendes Erlebnis, zuzuschauen, wie eine Venusfliegenfalle *(Dionaea muscipula)* blitzschnell ihre Blätter zuklappt. Die Blätter sind gleichmäßig mit zahlreichen dichten Härchen besetzt. Bei der geringsten Berührung klappen sie zu, so dass es für Insekten oder Fliegen keine Chance mehr zur Flucht gibt. Die röhrenförmigen Blätter der Schlauchpflanze *(Sarracenia purpurea)* recken sich keck in die Höhe und locken durch ihren Duft Insekten an. Beim Sonnentau *(Drosera)* sind es die klebrigen Härchen, die ein Davonkommen unmöglich machen.

Das Fettkraut *(Pinguicula)* bildet vor allem im Frühjahr sehr schöne violette Blüten. Es ist relativ anspruchslos und kommt sogar mit etwas weniger Licht, trockener Luft und kalkhaltigem Was-

■ FASZINIEREND Junge Blätter des Sonnentaus *(Drosera filiformis)* sind so beeindruckend, dass man sich kaum daran satt sehen kann. Tiere bleiben in den klebrigen Härchen hängen.

■ OFFENES AQUARIUM Fleischfressende Pflanzen lieben hohe Luftfeuchtigkeit. Glasgefäße oder ein Aquarium sind daher ideal. Bevor Sie ans Einpflanzen gehen, zunächst eine Schicht Sand, danach Blähton oder Splitt in das Gefäß einfüllen. Darauf dann die Spezialerde oder reinen Torf geben.

■ **IMPOSANT Fühlt sich die Kannenpflanze (*Nepenthes*-Hybride) wohl, wird sie sehr groß.**

■ **MITBRINGSEL Sonnentau, violett blühendes Fettkraut und Venusfliegenfalle in moosverzierten Töpfchen.**

FLEISCHFRESSENDE PFLANZEN

- **Sonniger und heller Standort:** Sonnentau *(Drosera)*, Kannenpflanze *(Nepenthes)*
- **Vollsonnig:** Venusfliegenfalle (*Dionaea*), Taublatt *(Drosophyllum)*, Schlauchpflanze *(Sarracenia)*
- **Halbschattiger Standort:** Fettkraut *(Pinguicula)*, Wasserschlauch *(Utricularia)*

ser zurecht. Vor heißer Mittagssonne sollte es jedoch geschützt werden.

Besondere Pflege

Damit sich die fleischfressenden Pflanzen wohl fühlen, brauchen sie einen hellen, sonnigen Standort am Fenster und vor allem eine hohe Luftfeuchtigkeit. Deshalb stehen Carnivoren, wie sie auch genannt werden, idealerweise in einem Glasgefäß oder geschützt unter einem Glaszylinder. Sorgen Sie dafür, dass im Becken stets ein bis zwei Zentimeter hoch Wasser steht. Als Pflanzsubstrat eignen sich reiner Torf und spezielle Carnivoren-Erde, die es im Fachhandel gibt. Im Sommer können fleischfressende Pflanzen raus an die Sommerfrische, im Winter brauchen sie zusätzliches Licht durch eine Pflanzenleuchte. Kalkfreies Gießwasser ist notwendig.

FEUCHT UND WARM: DIE RICHTIGEN PFLANZEN FÜRS BADEZIMMER

An Pflanzen, die sich in einem warmen, luftfeuchten Badezimmer wohl fühlen, mangelt es nicht. Vielmehr ist es häufig ein Platzproblem: Bäder sind in der Regel eher klein und verfügen selten über ungenutzte Stellflächen. Wenn dem so ist, sollten Sie sich nicht entmutigen lassen und nach anderen Lösungen suchen. Zum Beispiel lassen sich an einem breiten Wannenrand gut ein, zwei Pflanzen unterbringen oder Sie hängen eine Blumenampel auf. Auch ein kleines Wandregal kann die Lösung sein. Für den Wannenrand oder kleine helle Nischen bieten sich Saumfarn, Bubikopf, Flammendes Schwert, Mooskraut, Simse, Orchidee oder die Kannenpflanze an. Zu den Pflanzen-Favoriten für Bäder gehören nahezu alle Farne, sofern der Platz hell bis halbschattig ist. Auch fleischfressende Pflanzen fühlen sich im feucht-warmen Badezimmer sehr wohl. Größere Exemplare von Fensterblatt, Zypergras oder Drachenbaum verwandeln den Raum in eine wahre Wohlfühl-Oase. Empfehlung bei Fußbodenheizung: Die Pflanzen besser auf einen Pflanzenroller stellen, damit sie nicht zu warm stehen.

Zimmerbäume – grüne Freunde fürs Leben

SUPERSTAR Die Birken-Feige *(Ficus benjamina)* ist sehr wuchsfreudig. In nur wenigen Jahren wächst sie zu einem stattlichen Baum heran.

DSCHUNGEL-ATMOSPHÄRE Der Elefantenfuß ist ein Prachtexemplar und schon viele Jahre alt. Ein Sprudelstein in unmittelbarer Nähe ist günstig: Denn bei trockener Luft wird die Pflanze oft von Spinnmilben befallen.

Der Trend bei Zimmerpflanzen geht eindeutig zu Großpflanzen. Daher ist es nicht verwunderlich, dass XXL-Pflanzen überall angeboten werden. Die Investition lohnt sich, denn große Grünpflanzen machen Räume zu wahren Wohlfühl-Oasen und verbessern spürbar das Wohnklima. Als Zimmerbäume Ende des 19. Jahrhunderts in Mode kamen, waren vor allem Palmen gefragt. Sie sind zwar nach wie vor beliebt, aber nicht ohne Konkurrenz. Klassiker, wie der großblättrige Gummibaum, Birken-Feige, Baumfreund, Wunderstrauch, Strahlenaralie, Drachenbaum, Pachira oder Keulenlilie sorgen als Baum oder Strauch, zum Teil mit gedrehtem Stamm, mächtig für Aufsehen.

Platz muss sein!

Der Nachteil von Zimmerbäumen: sie sind relativ teuer und brauchen viel Platz, um auch wirklich zur Geltung zu kommen. Eine finstere Ecke genügt nicht, in der Regel wollen sie hell und in Fensternähe stehen. Für Räume unter 15 m^2 sind ein, zwei große Grünpflanzen bereits genug, da die Wirkung ohnehin

■ **MODERNER LOOK** Wunderbar, wie sich die Kentiapalme und das Pachira-Hochstämmchen (rechts) mit dem Korbmöbel ergänzen. Pfiffig: das Streifendesign von Kissen und Vorhang.

am schönsten ist, wenn Mobiliar und Pflanzen nicht zu dicht aufeinander stehen. Denn im Gegensatz zu den Möbeln werden die großen Grünpflanzen mit den Jahren noch deutlich an Höhe und Umfang zulegen – das wird leider häufig vergessen.

„Baumpflege"

In der Pflege unterscheiden sie sich kaum von ihren kleinen Geschwistern in der Standardgröße. Bei Befall von Blatt-, Schmier- oder Schildläusen sind sofort entsprechende Pflanzenschutzmittel einzusetzen. Denn wenn die Schädlinge sich ungehindert ausbreiten, können sie jeder Pflanze den Garaus machen. Und das wäre bei einer Großpflanze ein besonders herber Verlust.

NATÜRLICHE LUFTBEFEUCHTUNG

Dieser bepflanzte Keramikbrunnen ist ein wahres Glanzstück. Das Gefäß hat zwar nur 25 cm Durchmesser, bietet aber genug Platz für ein paar Hydrokulturpflanzen, die durch ein separates Wasserreservoir versorgt werden. Zum Befüllen des Brunnens entkalktes Wasser verwenden, das schont die Wasserpumpe. Der Einsatz eines Zimmerbrunnens ist vor allem während der Heizperiode empfehlenswert.

FLINKER SCHLINGER – KASTANIENWEIN

Fühlt sich der Kastanienwein *(Tetrastigma)* wohl, bildet er meterlange Ranken. Eine Kletterhilfe zum Anbinden der Triebe, wie hier das Bambus-Spalier, ist deshalb notwendig. Das immergrüne Rebengewächs ist sehr wuchsfreudig – behalten Sie es stets im Auge und schneiden Sie die Triebe bei Bedarf stark zurück. Für stets mäßige Feuchtigkeit der Erde ist zu sorgen, denn weder Nässe noch Trockenheit werden vertragen.

Kakteen & Sukkulenten – exotisch & absolut pflegeleicht!

■ **BLÜTENPRACHT** **Von wegen: „Kakteen sind nur stachelig". Dieser Warzenkaktus *(Mammillaria guelzowiana)* blüht ganz bezaubernd.**

Sie haben wenig Zeit oder sind viel auf Reisen, wollen aber nicht auf Zimmerpflanzen verzichten? Kein Problem. Dann sollten Sie sich unbedingt mit Kakteen und Sukkulenten beschäftigen. Bizarre Wuchsformen, herrliche Blüten und Gewächse mit teilweise geradezu gefährlichen Stacheln erwarten Sie. Attraktives Aussehen und minimaler Pflegeaufwand – bei kaum einer anderen Pflanzenfamilie trifft dies mehr zu. Alles, was sie brauchen, ist

■ **STACHELIG** **Der Kugelkaktus *(Echinocactus)* ist mit seinen weit abstehenden Stacheln nicht ungefährlich. Also bitte vorsichtig sein. Er wächst sehr langsam, bekommt aber mit den Jahren einen beachtlichen Durchmesser. Hell und sonnig stellen.**

VORSICHT BEIM KAKTEEN UMPFLANZEN

Kakteen sind durch ihre Stacheln und Dornen etwas heikel. Besonders zu spüren kriegt man das, wenn man ihnen ungewollt zu nahe kommt oder wenn es Zeit fürs Umtopfen ist. Beim Ein- oder Umpflanzen muss man daher sehr vorsichtig sein. Am besten zieht man dicke Gartenhandschuhe an.
Den Kaktus vorsichtig aus dem Topf herausnehmen und lockeres Substrat vom Wurzelwerk sorgfältig entfernen. Faule oder braune Wurzeln unbedingt ausschneiden und den Wurzelballen einen halben Tag abtrocknen lassen. Dann erst wird eingepflanzt. Zunächst eine Dränage aus Kies in den neuen Pflanztopf geben, danach Kakteen-Erde. Den Kaktus einsetzen, mit Kakteen-Erde auffüllen und festdrücken.

ein sonnig-warmer Standort, eine gute Dränage, hin und wieder etwas Wasser sowie Kakteendünger.

Stachelige Blickfänge – mit und ohne Blüten

Besonders interessant ist der Feigenkaktus *(Opuntia)*, der je nach Art im Frühjahr oder Sommer ganz bezaubernde, große Blüten hervorbringt. Genauso faszinierend: Bischofsmütze *(Astrophytum myriostigma)*. Das Besondere an diesem relativ klein bleibenden Kaktus mit dem gedrungenen Wuchs sind seine silbrig-grüne Farbe und die hellgelben Blüten. Das Greisenhaupt *(Cephalocereus senilis)* wächst säulenförmig und ist mit silbrig-weißen Fäden überzogen. Wer Blütenfülle bevorzugt, wird vom Schlangenkaktus *(Disocactus flagelliformis)* begeistert sein. Doch Vorsicht: Sobald sich die ersten Knospen bilden, darf er nicht mehr bewegt werden, denn sie fallen leicht ab. Am besten gedeiht der Schlangenkaktus als Ampelpflanze am sonnigen Fenster. Zwei weitere Blütenstars: Der Osterkaktus *(Rhipsalidopsis gaertneri)*, der in der Zeit von März bis Juni mit Blüten in Weiß, Rosa oder Rot begeistert, und – ganz ähnlich – der Weihnachtskaktus *(Schlumbergera)*, der von November bis Januar ein wahres Blütenfestival in den Farben Rot, Violett, Rosa, Gelb oder Weiß startet. Auch diese beiden sollten sie wegen der Gefahr des Knospenfalls nach dem Blütenansatz möglichst nicht mehr bewegen.

WÜSTEN-FEELING **Was für ein Auftritt (von links nach rechts): Dickblatt *(Crassula coccinea)*, Brutblatt *(Kalanchoë daigremontiana)*, gelb blühende Echeverien *(Echeveria derenbergii)* und Aloe *(Aloe vera)* zeigen sich von ihrer schönsten Seite. Sie stehen in einem mit Steinen dekorierten Sandbett.**

Dicke Blätter sind in

Sukkulente Pflanzen sind heute besser als Dickblattgewächse bekannt. Das Besondere: Sie speichern Wasser im Gewebe, wodurch sie Trockenzeiten problemlos überstehen können. Ein Paradebeispiel dafür ist die allseits populäre Aloe. Ebenso gehören Euphorbien oder Lebende Steine zu den Sukkulenten. Bizarr im Wuchs und sehr beliebt sind zum Beispiel die Säulen-Euphorbie *(Euphorbia trigona)* oder der Bleistiftbaum *(Euphorbia tirucalli)*, der über zwei Meter hoch wird. Ebenfalls sehr attraktiv: das Katzenohr *(Kalanchoë tomentosa)* mit den wollig behaarten dicken Blättern sowie das Brutblatt *(Bryophyllum)*.

SUKKULENTE **Quer gestreifte, dickfleischige Blätter machen die Haworthie besonders attraktiv – hier zu viert, mit lindgrüner Sisalkrause. Haworthien sind anspruchslos und brauchen nur wenig Wasser. 20 °C im Sommer, 10 bis 12 °C im Winter sind ideal.**

Frühjahrsblüher – mobile Farbtupfer für das Zimmer

WOHLDUFTENDES BLUMENFENSTER **Hier geben Hyazinthen *(Hyacinthus orientalis)* und Primeln *(Primula acalis)* den Ton an. Sie möchten am liebsten hell und relativ kühl stehen.**

Zugegeben, klassische Frühjahrsblumen, wie Primeln, Tulpen, Narzissen oder Ranunkeln, halten sich nur für kurze Zeit im Zimmer. Doch ihre unvergleichlich wohltuende Farbwirkung ist zu verführerisch. Darum nutzen Sie das breite beträchtliche Spektrum und ergänzen Sie damit Ihre anderen Zimmerpflanzen.

Narzissen, Tulpen und Co brauchen im Zimmer gleichmäßig feuchte Erde und einen hellen und möglichst kühlen Standort. In überhitzten Räumen verblühen sie deutlich schneller als draußen im Garten.

HYAZINTHENZWIEBEL-TREIBEREI

1. Zunächst präparierte Hyazinthenzwiebeln und Papierhütchen zum Abdecken kaufen.
2. Hyazinthengläser bis knapp unter die Zwiebel mit Wasser auffüllen, Zwiebeln auf das Glas setzen. Das Wasser darf die Zwiebel nicht berühren (Fäulnisgefahr).
3. Die Zwiebel mit den blickdichten Papierhauben abdecken und bis zur Bewurzelung kühl (10 bis 15 °C) und dunkel stellen.
4. Sobald sich erste Triebe zeigen, die Gläser 5 °C wärmer stellen. So lange bedeckt lassen, bis die Blüten die Hütchen nach oben schieben.
5. Darauf achten, dass immer etwas Wasser im Glas ist.
6. Die verblühten Hyazinthen in den Garten pflanzen.

Was tun nach der Blüte?

Verblühte Zwiebelblumen erstrahlen mit etwas Glück im nächsten Jahr wieder in neuem Glanz. Deshalb so lange mäßig weiter gießen, bis auch die Blätter restlos verwelkt sind. Danach die eingetrockneten Blätter mit einem Messer bodennah abschneiden oder abdrehen. Die Zwiebeln aus dem Topf nehmen, die Erde grob entfernen und alle makellosen Zwiebeln auf Zeitungspapier in einem Kistchen

ZIMMERPFLANZEN-KLASSIKER, DIE IM FRÜHJAHR BLÜHEN

Pflanze	Blütezeit
Losbaum *(Clerodendrum thomosoniae)*	April bis August
Kolumnee *(Columnea)*	März bis April
Gardenie *(Gardenia augusta)*	April bis September
Zierhopfen *(Justicia brandegeana)*	Januar bis Dezember
Flammendes Käthchen *(Kalanchoë)*	Januar bis Juli
Dipladenie *(Mandevilla)*	März bis September
Osterkaktus *(Rhipsalidopsis gaertneri)*	März bis Juni
Usambaraveilchen *(Saintpaulia ionantha)*	Januar bis Dezember
Einblatt *(Spathiphyllum)*	März bis Juli
Vriesea *(Vriesea splendens)*	Februar bis Juli
Zimmerkalla *(Zantedeschia aethiopica)*	Januar bis Mai

TOLLE PARTNER Tulpen und Glockenblumen sorgen auf der Fensterbank garantiert für Aufsehen. Die perfekte Ergänzung: weiß lackierte Tontöpfe mit blauem Muster.

luftig im Keller oder Schuppen lagern; natürlich nicht mehr gießen. Die gelagerten Zwiebeln können ab Ende September im Freien wieder ausgepflanzt werden. Auch die Glockenblumen oder Becher-Primeln können noch einmal zum Blühen kommen, wenn sie in den Garten ausgepflanzt werden.

Deko zum Nulltarif

Ob Frühlingsblumen oder klassische Zimmerpflanzen: Mit frisch geschnittenen, knospigen Zweigen von Birken oder Weidenkätzchen lässt sich schön dekorieren. Diese einfach in die Pflanzgefäße stecken. Etwas mehr Aufwand macht es, schlichte Tontöpfe durch Bemalen oder mit Serviettentechnik frühlingsfrisch zu verschönern. Einige Techniken werden auf den Seiten 44 bis 47 erklärt.

RUSTIKALE FRÜHLINGSGRÜSSE Eigentlich sind Hornveilchen *(Viola cornuta)*, hier die Sorte 'Sorbet Sunny Royal', Freilandpflanzen. Doch sie eignen sich auch wunderbar für eine Tischdekoration. Bei gleichmäßig feuchtem Pflanzsubstrat können die bezaubernden Blüher problemlos für ein paar Tage im Zimmer gehalten werden. Wichtig ist, dass die Pflanzen viel Licht abbekommen und nicht zu warm stehen. Tipp: jeweils drei Pflanzen in einen Tontopf setzen und die Erde mit dekorativen Flusskieseln bedecken.

Pflanzenspaß den ganzen Sommer

HÜBSCHES SOMMER-TRIO **Der grünblättrige Bandbusch *(Homalocladium)*, die zauberhaft blühende Schönmalve (*Abutilon*) und die Grünlilie (*Chlorophytum*) mit weiß panaschierten Blättern geben eine wunderschöne Kulisse für die Korbmöbel ab.**

BESTECHEND SCHÖN **Blüten-Begonien gelten als typische Saisonpflanzen. Sie stehen am liebsten hell, aber nicht sonnig, und mögen es eher kühl. Im Sommer sind 18 °C ideal.**

Ob grünblättrige Zimmerbäume oder farbenfrohe Blütenpflanzen: Es gibt unendlich viele Möglichkeiten, sein Heim zu verschönern. Mehr und mehr gehören auch klassische Saisonpflanzen dazu, die sonst ihren Platz im Topf oder Gartenbeet haben. Einer der Top-Favoriten ist die Glockenblume, deren Charme vor allem auf die Blütenfülle und die blaue Farbe zurückzuführen ist. Die bekanntesten und auch im Zimmer bewährten Arten sind *Campanula isophylla* und *Campanula cochleariifolia*.

Sie begeistern mit glockenähnlichen Blüten und faszinierenden Blautönen. Beide gibt es auch als „Mini" und mit etwas Glück auch weißblühend. Gerbera, Fleißige Lieschen, Begonien und Edel-Pelargonien haben sich ebenso im Zimmer etabliert. Sie sorgen für noch mehr Aufsehen, wenn sie mit klassischen Grünpflanzen, wie Gummibaum, Farn oder Zamioculcas, arrangiert werden.

Sommer-Probleme

Doch die für uns wohltuende Sommerzeit ist für Zimmerpflanzen mitunter gar nicht so einfach, besonders in den sonnenreichen Monaten Juni bis Ende August. Je nach Lage der Wohnung kann es da für die Pflanzen schon mal problematisch werden. Doch nicht die Hitze macht den Pflanzen zu schaffen, vielmehr setzen ihnen schattierte Fenster zu. Wenn Sie tagsüber die Wohnung durch Schattierung vor zu großer Hitze schützen, stehen Ihre grünen Lieblinge plötzlich im Schatten. Das bedeutet für diejenigen, die einen sonnigen bis hellen Standort brauchen Stress pur. Permanenter Lichtmangel verlangsamt das Pflanzenwachstum, Blüten öffnen sich nur kläglich, Blütenknospen fallen ab und panaschierte Blättern neigen zum Vergrünen. Deshalb sollten Sie unbedingt abwägen. ob Sie die Jalousie ganz herunterlassen oder nur zur Hälfte.
Besonders viel Licht brauchen Bougainvillee, Brutblatt, Leuchterblume, Zimmerbambus, Zier-Pfeffer, Zitrusbäumchen, Wunderstrauch, Riemenblatt, Wachsblume, Iresine, Ixore, Jakobinie oder Elefantenfuß. Unter den Kakteen und Sukkulenten brauchen Aloe, Christusdorn, Echeverie, Wüstenrose, Opuntien oder die Madagaskarpalme unbedingt einen sonnigen Platz.

■ **WOLLEN HELL STEHEN Zier-Paprika und Basilikum lassen sich auch im Zimmer halten.**

■ **MAKELLOSE ELEGANZ Das Besondere am Glanzkölbchen *(Aphelandra squarrosa)* sind die gestreiften Blätter.**

GIESSHILFEN MACHEN UNABHÄNGIGER

■ **BEWÄHRT Tonkegel**

Pflanzen brauchen regelmäßig Wasser. Und damit dies nicht zum Stress ausartet, wenn man Mal zwei, drei Tage oder auch mehr verreisen möchte, gibt es entsprechende Gießhilfen.
Besonders bewährt hat sich das Blumat-System (Fachhandel). Hier werden Tonkegel, die mit dünnen Schläuchchen verbunden sind, möglichst tief in den Pflanztopf gesteckt und das Ganze wird mit einem Wasserbehälter verbunden.
Zuverlässig und dazu dekorativ sind auch Durstkugeln. Mit Wasser gefüllt werden sie in den Topfballen gesteckt.

■ **PRAKTISCH Durstkugeln**

Im Winter tun uns Zimmerpflanzen besonders gut

■ ELEGANTE WINTERBLÜHER Der Auftritt dieser beiden weiß blühenden Azaleen-Bäumchen ist perfekt. Wichtigster Pflegetipp: Während der Blüte die Erde stets feucht halten und mit entkalktem Wasser gießen.

Die dunkle, kalte Jahreszeit macht nicht nur uns Menschen zu schaffen, sondern auch den Zimmerpflanzen. Damit die Pflanzen gesund über den Winter kommen, sollten Sie folgende Regeln beachten: zwei oder drei Mal täglich ein paar Minuten lüften. Währenddessen darauf achten, dass die Pflanzen keine direkte Zugluft abbekommen, sie könnten sonst leicht erfrieren. Stellen Sie sie während des Lüftens besser zur Seite.

DEKO-TIPP FÜRS FEST: WEIHNACHTSSTERNE IN DUFTER BEGLEITUNG

■ Aus Frischblumensteckmasse eine runde, ca. 20 cm lange Form im Durchmesser des Pflanztopfes schneiden. Steckmasse mit Lappenmoos umlegen und mit Blumendraht befestigen.

■ Zimtstangen in 30 cm Länge besorgen; Sockel und Höhe des Pflanztopfs abmessen, Zimtstangen in entsprechender Höhe abschneiden, senkrecht auf die Außenseite kleben.

■ Den Weihnachtsstern-Topf in eine Plastiktüte stecken (damit alles trocken bleibt) und gleichmäßig mit Lappenmoos und Draht umwickeln, damit nichts durchscheint.

Trockene Luft, was tun?

Zur Luftbefeuchtung macht es Sinn, Wasserschalen auf die Heizkörper zu stellen. Für große Räume – besonders mit Fußbodenheizung – empfiehlt sich die Anschaffung eines Zimmerspringbrunnens oder eines elektronischen Luftbefeuchters. Je nach Modell verdampft er mehrere Liter Wasser pro Tag. Für eine höhere Luftfeuchtigkeit sorgen auch Pflanzen in Hydrokultur oder in Seramis-Granulat, wie zum Beispiel Grünlilie *(Chlorophytum comosum)*, Zimmeraralie *(Fatsia japonica)* und Zypergras *(Cyperus alternifolius)* oder Gräser, wie Segge *(Carex)*, Simse *(Scirpus)* oder Kalmus *(Acorus)*. Sie haben außerdem den Vorteil, dass sie mit relativ wenig Tageslicht auskommen. Allerdings muss, je nachdem wo die Pflanzen stehen und wie stark geheizt wird, öfter gegossen werden.

■ ALLE JAHRE WIEDER Dank stetig neuer Blütenfarben begeistern Alpenveilchen *(Cyclamen persicum)* immer wieder aufs Neue! Hier ein wunderbares Exemplar in Pink. Aktuelle Züchtungen faszinieren zudem mit gewellten, gefransten und marmorierten Blättern.

Farbenpracht

Allen widrigen Umständen zum Trotz: Eine Hand voll Blütenpflanzen muss auf jeden Fall sein. Sie bringen die gute Stube nicht nur zum Leuchten, sondern erwärmen auch unser Herz. Zu den farbenfrohen Winterpflanzen schlechthin gehört der Weihnachtsstern *(Euphorbia pulcherrima)*. Es gibt ihn mit rosafarbenen, roten und cremefarbenen Hochblättern, zweifarbig und neuerdings in gefüllter Variante. Wer Platz hat, gönnt sich ein Hochstämmchen, das sieht ganz besonders hübsch aus.

Der Weihnachtsstern will am liebsten mit temperiertem, weichem Wasser gegossen werden und zwar erst dann, wenn die Erdoberfläche schon abgetrocknet ist. Hin und wieder braucht er auch etwas Dünger. Weitere klassische und farbenfrohe Winterblüher sind Ritterstern, Orchideen, Alpenveilchen, Azaleen, Weihnachtskaktus, Guzmanie, die intensiv riechende Gardenie und natürlich Orchideen.

■ Den mit Moos umwickelten Basisblock in die Zimtstangen-Röhre stecken und den Weihnachtsstern darauf platzieren. Rechts: Besonders attraktiv – eine Gruppe mit mehreren Pflanzen.

Orchideen – exotische Blütenträume

Ganz gleich, ob es eine klassische Falter-Orchidee *(Phalaenopsis)* ist, der wir zuerst begegnen, oder die weitaus zierlichere Schmetterlings-Orchidee *(Oncidium)*: Orchideenblüten sind atemberaubend schön. Kein Wunder also, dass oft schon mit der ersten Pflanze eine Leidenschaft fürs Leben entsteht. Achten Sie beim Kauf darauf, dass die Pflanze in einem einwandfreien Zustand und mit einem Pflege-Etikett ausgestattet ist. In den Wintermonaten ist es durchaus üblich, dass die Trendpflanze in Folie angeboten wird. Das schützt sie zwar beim Transport vor Zugluft, doch sollten Sie sich die verpackte Pflanze genau anschauen. Nicht selten passiert es, dass die Blütenrispen zwar wunderschön und gesund wirken, die unteren Blätter aber durch anhaltende Feuchtigkeit Faulstellen aufweisen.

Wunderschön & pflegeleicht

Orchideen können sehr alt werden und brauchen im Vergleich zu anderen Zimmerpflanzen nur wenig Pflege. Sie haben hervorragende Blüheigenschaften. Mehrere Wochen lang erfreuen sie uns mit herrlichen Blüten. Am besten gedeihen sie an einem hellen, nicht sonnigen Fensterplatz. Zu den wichtigsten Lebensbedingungen zählen Licht, Luft und Wärme. Damit die Luft sich nicht staut, macht es Sinn, die Orchidee in einen geräumigen Topf zu stellen, denn ihre Luftwurzeln brauchen reichlich Frischluft. Zunächst eine dicke Schicht Blähton in den Übertopf geben, etwas gießen und darauf den Orchideen-Topf platzieren. Orchideen brauchen nur wenig Wasser. Gegossen wird stets kalkfrei und nur dann, wenn das Substrat restlos trocken ist. Und achten Sie darauf, dass die Wurzeln nicht im Wasser stehen, sie beginnen sonst

■ TOLLE AUSSICHT **Orchideen sind so farbenfroh und vielfältig, dass man gar nicht genug von ihnen bekommen kann. Am besten gedeihen sie an einem hellen, jedoch nicht sonnigen Platz.**

■ PERFEKTE UNTERSTÜTZUNG **Die elegante Wirkung der Blütenrispen wird durch den Keramiktopf noch unterstrichen. Zum Schutz vor Abknicken: Blütenrispen an einen Bambusstab aufbinden.**

leicht zu faulen und das wäre der Anfang vom Ende einer Orchidee. Weder kalter Durchzug noch extrem trockene Heizungsluft wird vertragen.

So richtig heikel ist die Schöne lediglich beim Pflanzsubstrat. Hierbei ist es ratsam, auf Experimente zu verzichten und beim Umtopfen nur auf Orchideen-Erde zurückzugreifen. Orchideen-Substrat ist grobkörnig und besteht aus einer Mischung aus Rinde und Torf. Grundsätzlich sind die exotischen Pflanzen überaus genügsam. Falls Dünger notwendig ist, ausschließlich Orchideen-Dünger verwenden. Orchideen lassen sich sehr schön mit grünblättrigen Pflanzen, wie Frauenhaarfarn, Zimmerbambus, Kletter-Feige oder Erbsenpflanze, kombinieren.

■ IM BLICKPUNKT **Auch wenn der Auftritt der Cymbidie hier eher leise ist, so ergänzt sich die aparte Schönheit wunderbar mit dem Korbgefäß.**

TIPPS FÜR EINKAUF UND PFLEGE

Damit es gar nicht erst zu Schädlingsbefall oder Krankheiten bei Ihren Orchideen kommt, sind einige Regeln zu befolgen:

- Beim Kauf darauf achten, dass die Pflanze in jedem Fall frei von Schädlingen ist und auch keine Krankheiten zu erkennen sind.
- Die Kulturbedingungen kompromisslos berücksichtigen. Standort, Luftfeuchtigkeit, Temperatur sowie Wasserversorgung müssen den individuellen Bedürfnissen Ihrer Orchideen-Art entsprechen.
- Abgestorbene Pflanzenteile stets entfernen. Ebenso vertrocknete Blätter und verblühte, ausgetrocknete Stiele.
- Damit die Blätter, zum Beispiel von Phalaenopsis, immer schön glänzen, gelegentlich mit einem feuchten, weichen Tuch abwischen.
- Braune Blattspitzen können ein Zeichen für unausgewogenes Düngen sein.
- Auf Schädlingsbefall achten, auch bei Begleitpflanzen, bei Bedarf sofort handeln.
- Krankheiten kommen eher selten vor. Wenn, dann sind sie meist auf unsauberes Werkzeug, zum Beispiel beim Umtopfen, oder auf Schadinsekten zurückzuführen.

Kreative Ideen für Pflanzen und Töpfe

Übertöpfe im Blickpunkt

■ **STARKES DESIGN** **Die Übertopf- und Vasenserie „Flip“ ist flexibel einsetzbar: Blüten- oder Blattpflanzen kommen gleichermaßen gut raus.**

■ **MIT STEINEN KASCHIERT**
Etwas aufwändig war es schon, bis die Simse *(Scirpus cernuus)* in die Steine gebettet war: Sie steht in einem Containertopf.

■ **MODERNE PFLANZGEFÄSSE**
Einfach perfekt, wie sich der Zier-Spargel *(Asparagus densiflorus)* über den Vasenrand legt.

Ob Designerstücke, Massenware oder selbst verziert: Übertöpfe prägen einen Raum entscheidend mit. Doch genauso wie unsere Kleidung sind sie modischen Strömungen unterworfen. Seien es die Materialien oder das Design, Jahr für Jahr gibt es wieder etwas Neues zu bewundern.

Zu den jüngsten Trendsettern gehören Maxi-Vasen, die es seit einiger Zeit für drinnen und auch für draußen gibt. Das Besondere daran ist ihre Höhe, 120 bis 150 cm sind gang und gäbe. Das hat den Vorteil, dass sie sich wunderbar für überhängende Gewächse eignen. Dazu gehören: Schamblume *(Aeschynanthus)*, Knollen-Begonie 'Illumination Orange', Zimmerhafer *(Billbergia nutans)*, Kolumnee *(Columnea)*, Ruhmeskrone *(Gloriosa superba)*, Zimmer-Jasmin

DIE ZUTATEN **Für drei Tontöpfe brauchen Sie nicht mehr als fünf Fliesen, eine Spezialzange, eine Spritze mit Silikon zum Aufkleben und weiße Spachtelmasse. Die Fliesen werden mit der Zange in kleine Stücke geteilt.**

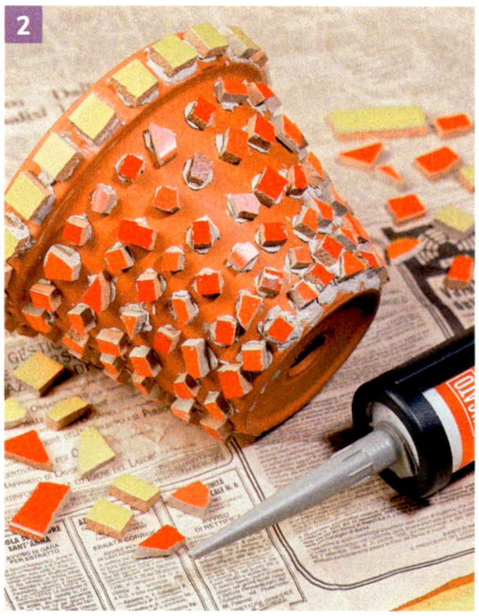

SO GEHT'S WEITER **Die Fliesenstücke auf der Arbeitsunterlage oder auf Zeitungspapier zurechtlegen. Steinchen für Steinchen mit Silikon auf den Tontopf kleben, eventuell mithilfe einer Pinzette. Gut antrocknen lassen.**

DER LETZTE SCHLIFF **Die weiße Spachtelmasse mit Wasser anrühren und die Fugen mit einem Spatel füllen; gleichmäßig glatt streichen. Die Fliesensteinchen gleich mit einem feuchten Tuch reinigen.**

(Jasminum polyanthum), Hornklee *(Lotus berthelotii)*, Medinille *(Medinilla magnifica)*, Scheinrebe *(Ampelopsis)*, Grünlilie *(Chlorophytum comosum)*, Klimme *(Cissus antarctica)*, Tradeskantie *(Tradescantia fluminensis)*, Henne mit Küken *(Tolmiea menziesii)* oder Zier-Spargel (siehe Foto auf der linken Seite oben).
Ein kleiner Nachteil von hohen Gefäßen ist, dass sie stark kippgefährdet sind. Je kleiner die Standfläche ist, umso vorsichtiger sollten Sie sein. Und: Man kann sie natürlich nicht von unten bis oben mit Erde auffüllen, das käme viel zu teuer. Sinnvoll ist es daher, unten zwei, drei große und schwere Steine hineinzulegen und dann den Leerraum mit Styroporstückchen aufzufüllen. Dann zunächst einen Untersetzer und darauf das Pflanzgefäß fixieren. Bei hochwertigeren Gefäßen bieten die Hersteller oft auch gleich einen passenden Pflanzeinsatz mit an. Das hat den Vorteil, dass Sie nicht improvisieren müssen.

Selbst verzieren macht Spaß

Das Umgestalten von Übertöpfen ist nach wie vor sehr beliebt. Entsprechende Kleber, Farben, Accessoires oder Malvorlagen reduzieren den Arbeitsaufwand auf ein Minimum und die Ergebnisse sehen super schön aus. Wie zum Beispiel die Töpfe im Mosaik-Stil.
Hübsch verzieren lässt sich auch leicht mit sogenannten Plusterfarbstiften, die sich bestens für Keramik-, Stein-, Glas- und Holzgegenstände eignen. Egal welche Methode Sie anwenden, selbst gestaltete Accessoires – ob ein veredelter Übertopf oder ein Pflanzenhocker im

MOSAIK-STIL **Ein wenig erinnern diese individuell mit Fliesenstückchen gestalteten Töpfe an den Süden. Rosen und weiße Glockenblumen fühlen sich darin sichtbar wohl.**

Streifen-Look – verhelfen den eigenen vier Wänden zu einem individuellen Aussehen.

Pflanztöpfe – so werden aus schlichten Gefäßen tolle Unikate

Es ist unglaublich, was ein paar kreative Ideen alles bewirken können. Diese beiden relativ einfachen Techniken sollen zeigen, wie leicht es ist, preiswerte Ton- oder Kunststoff-Töpfe aus dem Baumarkt in schicke und einmalige Deko-Objekte zu verwandeln.

■ ROMANTIK-LOOK *Bellis* begeistern Jung und Alt. Die Blüten gehören zu den beliebtesten Frühlingsblühern überhaupt. Doch leider halten sich die bezaubernden Blüten im warmen Wohnzimmer nicht länger als acht bis zehn Tage – das Gänseblümchendekor auf den Gefäßen bleibt hingegen für immer.

Serviettentechnik

Techniken dafür gibt es viele. Am bekanntesten und vielseitigsten ist unbestritten die Serviettentechnik. Sie hat sich in den vergangenen Jahren ständig weiterentwickelt und selbst Serviettenherstellern eine nie da gewesene Vielfalt an Motiven entlockt. Dank moderner Kleber werden die Serviettenmotive heute im Handumdrehen dauerhaft auf die Objekte appliziert. Ein klassisches, sehr beliebtes Topf-Thema ist immer wieder der Mittelmeer-Stil. Hierfür einfach die ausgewählten Gefäße grundieren und nach Belieben blau-weiß anmalen. Auch klassisch geformte Töpfe oder rechteckige Metallkästen in zartem Hellblau bemalen und nach dem Abtrocknen der Farbe ein paar Seesterne oder Muscheln (gibt es im Bastelbedarf) aufkleben. Dadurch erhalten Sie eine spannende 3-D-Optik. Reizvoll sind auch Servietten mit mediterranen Motiven, wie Muscheln, Schnecken, Seepferdchen oder Seesternen. Die Motive einfach ausschneiden, mit Kleber fixieren, gut trocknen lassen und Klarlack darüber streichen.

Schön fest geschnürt

Etwas kniffliger, aber sehr apart lässt sich mit Schnüren oder Kordeln gestalten. Diese von oben nach unten dicht an dicht um den Topf wickeln und jede Runde exakt ankleben. Optisch sieht die Schnurtechnik an großen Übertöpfen am schönsten aus. Besonders, wenn darin dann Grünpflanzen, zum Beispiel eine Palme, ein Drachenbaum oder ein Baumfreund, stehen.
Oder umwickeln und bekleben Sie drei kleinere Gefäße mit Schnüren in dreierlei Farben. Objekte in Blau, Gelb und Rot sind überall Hingucker. Empfehlenswert ist es, dass Sie zuerst einen Untersetzer zum Auffangen von überschüssigem Was-

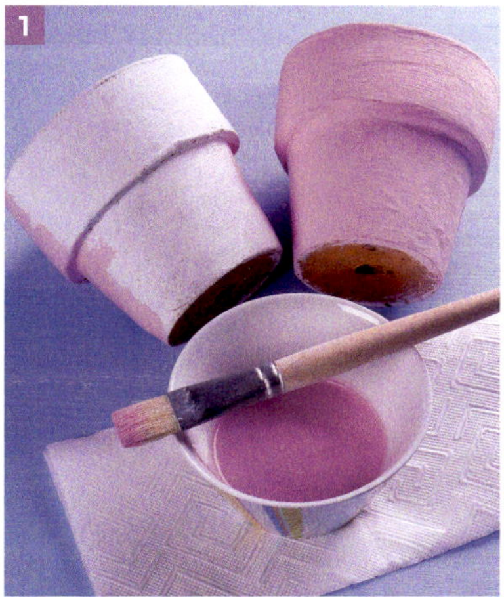

■ **VORBEHANDELN** Tontöpfe im Gartencenter besorgen und zunächst mit Hobby-Acryl-Mattfarbe (Bastelbedarf) vorstreichen. Bereits benutzte Töpfe gründlich in Essigwasser bürsten und nach dem Trocknen streichen.

■ **SERVIETTENMOTIV AUSSCHNEIDEN** Gänseblümchen- oder jedes andere Blütenmotiv aus der Serviette ausschneiden und zunächst einmal zur Seite legen. Danach die oberste, bedruckte Schicht vorsichtig ablösen.

■ **MOTIVE AUFKLEBEN** Ausgeschnittene Blümchenmotive auf den vorbereiteten Topf auflegen und mit Hobby Line Art Potch mithilfe eines Pinsels gleichmäßig überstreichen. Exakt arbeiten; die Ränder gut fixieren.

ser in den verzierten Topf stellen und darin die Pflanze platzieren. Accessoires, Farben, Kleber, Pinsel und sonstiges Zubehör bekommen Sie in Bastelläden oder im Versandhandel.

■ **SELBST BEMALEN** Tontöpfe weiß anmalen und gut trocknen lassen. Dann die Muster frei Hand oder nach Vorlage mit Bleistift übertragen und exakt mit Brauntönen ausmalen.

Aparte Töpfe, die garantiert nicht jeder hat

Ausgefallene Gefäße haben in der Regel ihren Preis. Wer hier nicht investieren möchte, aber Abwechslung liebt, legt selbst Hand an. Hier zwei pfiffige Beispiele zum Nachmachen: Die Objekte mit dem Blattmetall passen zu fast jedem Wohnstil. Der Knopf-Look dagegen ist sicherlich kein Objekt für die Masse, sondern eher etwas für Individualisten, die immer wieder etwas Neues ausprobieren möchten. Hinter beiden Ideen verbergen sich ganz schlichte Ton-Töpfe aus dem Baumarkt. Sie wurden mit Farbe bemalt und dann unterschiedlich dekoriert. Wenn Sie Katzenbesitzer sind und unsere Knopf-Idee nachmachen wollen, nehmen Sie statt Weizengras unbedingt eine andere Grünpflanze, zum Beispiel Frauenhaarfarn oder Bubikopf. Denn Katzen fressen Weizengras für ihr Leben gern.

TÖPFE ZUM VERLIEBEN Mit nur wenigen Handgriffen, Geduld und Fantasie können Sie ohne großen Aufwand die schlichtesten Tontöpfe in schicke Designer-Töpfe verwandeln. Allerdings sollte man sie dann nicht mehr als Pflanztopf verwenden, sondern als Übertopf. Damit keine Feuchtigkeit in die Poren des Tontopfes dringt und das Dekor zerstört, ist es sinnvoll, ihn mit einem wasserdichten, dünnen Kunststofftopf in entsprechender Größe auszustatten. Dann erst die Pflanze im Containertopf hineinstellen.

UTENSILIEN Blattmetall in Silber, Anlegeöl, Bleistift, Pinsel, Bastelfarbe, Tontöpfe in beliebiger Größe (gibt's im Bastel- oder Hobbybedarf) und Efeu-Blätter aus dem Garten.

VORBEREITUNG Saubere, trockene Töpfe mit Bastelfarbe grundieren; gut trocknen lassen. Beliebig viele Efeublätter auflegen und die Konturen möglichst exakt nachzeichnen.

MODERNES AMBIENTE

Die pink-orangefarbenen Flechtkörbe mit den weiß panaschierten Grünlilien machen sich prima auf dem Holztisch. Damit beim Gießen nichts daneben geht, schlagen Sie die Gefäße vorm Einstellen der Pflanzen grundsätzlich mit Folie aus oder stellen einen zweiten, wasserdichten Kunststofftopf oder einen Untersetzer hinein. Bei sehr hohen Gefäßen sollten Sie die Pflanzen auf einen Stein oder eine dicke Blähtonschicht stellen, sonst bekommen sie im Basisbereich zu wenig Licht ab und vergrünen.

NICHT ALLTÄGLICH Wie eine bunte Blumenwiese wirkt dieser Topf mit Weizengras. Für die Verwandlung brauchen Sie: bunte Knöpfe, grünen Filz, Holzstäbe und Kleber. Blätter und Stängel zurechtschneiden und aufkleben; Knöpfe oberhalb der Stängel platzieren, an den Stäben festkleben und im Pflanztopf verteilen.

EXAKT ARBEITEN Die Blattmotive mit dem Pinsel gleichmäßig mit Anlegeöl ausmalen. Dabei genau arbeiten. Das Anlegeöl so lange antrocknen lassen, bis es nur noch leicht klebrig ist.

ZUSCHNITT Vorgezeichnete Efeu-Motive mit kleinen Blattmetall-Stücken abdecken. Dann die Folie mit weichem, sauberem Pinsel festdrücken und einige Stunden trocknen lassen.

LETZTER SCHLIFF Abstehende Reste des festklebenden Blattmetalls behutsam abziehen und Reste mit einem weichen Pinsel entfernen, damit die Blätter auch gut zur Geltung kommen.

Säulen und Regale für noch mehr Grün

Egal wie groß oder klein das Zimmer ist: Mit einer Pflanzensäule, einem Eck- oder Wandregal lässt es sich prima gestalten.
Ein Pflanzenständer oder eine Säule hat den großen Vorteil, dass sich hierauf die Pflanzen nach allen Seiten hin ungehindert ausbreiten können und sie somit eine schöne Wuchsform bekommen. Ein Vorzeigebeispiel ist die blühende Schönmalve (*Abutilon*-Hybride) rechts oben, auf dem schlichten Metallständer. Ähnlich luftig entwickelt sich auch Jasmin *(Jasminum polyanthum)*. Nur mit dem Unterschied, dass er stark duftende,

■ MODERNE PFLANZENSÄULE Die Blechtöpfe lassen sich nach Bedarf verstellen. Damit sie nicht rosten: Untersetzer verwenden. Pflanzen (von oben nach unten): Efeu, Grünlilie, Bromelien und Zimmerbambus.

■ ECKREGAL Dieses praktische Möbelstück ist für kleine Räume besonders interessant. Man kann es als Ablagefläche nutzen oder für Zimmerpflanzen. Vorausgesetzt, der Raum ist hell genug, ansonsten sollten Sie besser eine Pflanzenleuchte anbringen. Besonders schön wirkt das Holzregal, wenn es in zweierlei Farben gestrichen wird.

weiße Blüten hervorbringt. Und im Gegensatz zur Schönmalve, die es halbschattig liebt, möchte Jasmin einen hellen Platz, aber ohne direkte Sonne. Als dritte Pflanze im Bunde kann ich Ihnen die Wachsblume *(Hoya bella)* ans Herz legen. Hierbei handelt es sich um eine traditionelle, leider etwas in Vergessenheit geratene Rankpflanze. Sie erfreut uns von Mai bis September mit weißen, intensiv süß duftenden Blüten.

Viele Schönheiten auf wenig Platz

Im Gegensatz zu einem Einzelständer haben in einer Pflanzensäule, wie sie unten links zu sehen ist, mehrere Pflanzen Platz. Allerdings ist bei der Pflanzenauswahl darauf zu achten, dass alle die gleichen Standortvorlieben haben, sonst gibt es Probleme. Und: Nicht nur hängende Pflanzen verwenden, sondern mit aufrecht wachsenden kombinieren. So vermeiden Sie, dass sie ineinander wachsen. Außerdem kann man Pflanzensäulen auch prima als Raumteiler nutzen. Wie beispielsweise als grüne, transparente Trennwand von Küche und Esszimmer. Oder man nutzt sie, um sich eine etwas abgeschirmte Wohlfühl-Ecke einzurichten. Perfekt dazu wäre die Ergänzung mit ein oder zwei Zimmerbäumen.

Bleibt gar keine Stellfläche für Pflanzen, so ist ein Wandregal die Lösung. Hierfür gibt es verschiedene Möglichkeiten: Man kann es in Naturfarbe verwenden oder nach Belieben anstreichen und einfach an der Wand fest dübeln. Varianten aus Marmor, Schmiedeeisen oder in Gips-Optik gibt es natürlich auch, aber diese sind wesentlich kostspieliger.

APARTE SCHÖNHEIT **Die Schönmalve steht gerne im Mittelpunkt, was ihr hier auf dem Metallständer besonders gut gelingt.**

SCHLICHTE ELEGANZ **Auf dem grünen Wandregal ergänzen sich (von links nach rechts) ein Drachenbaum, ein bezaubernd blühendes Fleißiges Lieschen und eine Henne mit Küken. Die farbigen Keramikübertöpfe verleihen dem Ganzen das gewisse Etwas. Zum Schutz vor Staunässe Blähton in die Übertöpfe geben.**

ATTRAKTIVE HÄNGE- UND ÜBERHÄNGENDE PFLANZEN

- Frauenhaarfarn *(Adiantum raddianum)*
- Grünlilie *(Chlorophytum comosum)*
- Dipladenie *(Mandevilla)*
- Efeutute *(Epipremnum pinnatum)*
- Ruhmeskrone *(Gloriosa superba)*
- Kletter-Feige (*Ficus pumila* 'Variegata')
- Wachsblume *(Hoya bella)*
- Jasmin *(Jasminum polyanthum)*
- Schwertfarn *(Nephrolepis exaltata)*
- Simse *(Scirpus)*
- Kranzschlinge *(Stephanotis floribunda)*
- Henne mit Küken *(Tolmiea menziesii)*
- Dreimasterblume *(Tradescantia)*

Das große Pflege-1x1

Der richtige Anfang: Einkauf, Standort und Gießen

■ **GEPFLEGTER EINDRUCK Ganz gleich, wo Sie Ihre Zimmerpflanzen kaufen, achten Sie darauf, dass sie gesund, kräftig und die Blätter grün aussehen. Im Topf sollte ein Plastikschild stecken, auf dem der Name und die wichtigsten Pflegetipps stehen.**

Ob eine Pflanze gedeiht, hängt von vielen Faktoren ab. Alles was Sie wissen müssen, hier in Kürze.

Gute Qualität muss sein

Ganz gleich wo Sie Ihre Pflanzen kaufen, achten Sie auf gesundes, kräftiges Aussehen. Gegen den Kauf sprechen zum Beispiel welke Blätter, wenn die Blattspitzen eingetrocknet, abgeknickt oder abgeschnitten sind. Auch wenn der Topfballen sehr nass oder eingetrocknet ist, deutet das auf schlechte Pflege hin, und es gilt abzuwägen, ob sich das Hochpäppeln lohnt.

Die Wahl des richtigen Standortes

Pflanzen haben völlig unterschiedliche Standort-Bedürfnisse. Die einen mögen es hell, andere wiederum sind nicht so lichthungrig.
Wenn Sie Pflanzen für ein Ost- oder Westfenster benötigen, gibt es kaum Einschränkungen. Denn die meisten Pflanzen, auch Blütenpflanzen, kommen hier prima zurecht. Sonnenhungrige ganz dicht ans Fenster rücken und schattenliebende platzieren Sie etwas weiter weg vom Fenster.
Problematischer wird es am Südfenster. An Sonnentagen entstehen hier extrem hohe Temperaturen, so dass es hinter dem Fenster leicht Hitzestau gibt, und der ist für Pflanzen schlecht. Deshalb im Hochsommer Kippfenster möglichst immer offen stehen lassen. Ideal ist ein solcher Platz für Kakteen und Südländer, wie Oleander, Banane oder Agaven.

■ **JEDERZEIT FLEXIBEL Dank des Pflanzenrollers kann das Prachtexemplar von Elefantenfuß *(Beaucarnea)* zum Putzen und auch Lüften ohne große Anstrengung für kurze Zeit zur Seite geschoben werden.**

■ **RICHTIG GIESSEN** Usambaraveilchen mögen es gar nicht, wenn man sie von oben gießt. Deshalb Wasser nur in den Untersetzer geben. Das Gleiche gilt für Alpenveilchen und Gloxinien.

■ **ERSTE HILFE** Ist die Pflanze stark verstaubt und die Erde ausgetrocknet, tut ihr eine Dusche oder ein Tauchbad gut. Stellen Sie die Pflanze erst nach dem Abtropfen in den Übertopf zurück.

■ **BLÜTENSCHAFT** Bromelien mit kalkfreiem Wasser in den Blütenschaft gießen. Erst wenn kein Wasser mehr darin steht, wieder nachgießen.

GIESSEN BEI HYDRO- UND SERAMISKULTUR

Die Gießpraxis bei Pflanzen, die in Tonkügelchen (Hydrokultur, S. 60) oder in Tongranulat (Seramiskultur, S. 62) wachsen, unterscheidet sich kaum von Pflanzen in normaler Blumenerde.

Hydrokultur: Bei der Hydrokultur ist der Gießanzeiger sehr hilfreich. Steht seine Anzeige auf „minimal", gießt man so viel, bis sie auf „optimal" steht. Verreisen Sie für ein paar Tage, ist es empfehlenswert, Wasser bis zur Maximal-Markierung aufzufüllen.

Seramiskultur: Bei der Kultur in Tongranulat zeigt der Gießanzeiger lediglich, ob Wasser fehlt, dann verfärbt er sich rot. Verfärbt er sich blau, heißt dass, es ist noch genug Wasser vorhanden. Bei beiden Substraten sollte möglichst kalkfrei gegossen werden, damit es nicht zu unschönen Ablagerungen kommt.

Nordfenster betreffen meistens die Küche oder das Badezimmer. Hier fühlen sich vor allem Blattpflanzen, wie Bubikopf, Kentiapalme, Fensterblatt, aber auch Blüten-Begonien wohl. Allerdings müssen sie schon in direkter Fensternähe stehen, sonst wird es ihnen zu dunkel.

Die wichtigsten Utensilien

Zimmerpflanzen brauchen zwar viel Aufmerksamkeit und auch Pflege, doch die Gerätschaften und Hilfsmittel dafür halten sich in Grenzen. Eine vernünftige Gießkanne ist unentbehrlich. Nicht auf das Dekor oder die Farbe kommt es an, sondern vielmehr auf ihre Funktionalität. Praktisch ist eine lange, dünne Gießtülle, mit der gezielt direkt auf die Erde gegossen werden kann. Sinnvoll ist ein Fassungsvolumen von drei bis fünf Litern. Wenn Sie viele Hängepflanzen haben, empfehle ich eine Spezialkanne aus Kunststoff (ist leichter als Metall) und einen kleinen, kippsicheren Hocker. Unverzichtbar ist ein Wasserzerstäuber. Er sollte am besten pflegeleicht (aus Kunststoff) sein und etwa einen dreiviertel Liter fassen. Ob während der Heizperiode im Winter oder während der ärgsten Hitzezeiten im Sommer – Pflanzen tut es gut, eingesprüht zu werden; allerdings mit entkalktem Wasser.

Empfehlen kann ich auch die Anschaffung einer scharfen Blumen- oder Allzweckschere zum Entfernen von Trieben oder Verwelktem.

Gießen

Keine Pflanze kommt ohne Wasser aus. Wie viel benötigt wird, hängt von ihrer Größe und der Jahreszeit ab. Im Winter ist es deutlich weniger als im Frühjahr und Sommer.

Manche wollen das ganze Jahr über im Wasser stehen, wie zum Beispiel das Zypergras. Dagegen kommen Kakteen mit Trockenheit super zurecht.

Ohne Pflege geht es nicht

STAUB SCHLUCKT LICHT Deshalb großflächige, glänzende Blätter wie von Efeutute, *Philodendron* oder Zimmeraralie alle vier bis sechs Wochen mit einem weichen, feuchten Tuch abwischen.

STAUB ENTFERNEN Die wasserempfindlichen, samtweichen Blätter des Usambaraveilchens von Zeit zu Zeit behutsam mit einem Pinsel säubern. Doch Vorsicht, sie brechen leicht ab.

BLATTSCHÄDEN Braune Blattspitzen deuten auf Lufttrockenheit hin. Die Blätter häufig einsprühen; vergilben die Blätter, den Standort überprüfen, er könnte zu dunkel sein.

Auch auf den Blättern von Zimmerpflanzen sammelt sich mit der Zeit Staub an. Ganz davon abgesehen, dass er nicht schön aussieht, erschwert er den Pflanzen das Atmen. Grünpflanzen mit großflächigen und glänzende Blättern sollten deshalb möglichst alle vier bis sechs Wochen mit einem weichen, feuchten Tuch abgewischt werden. Pflanzen mit samtigen und weichen Blättern entstauben Sie besser mit einem Pinsel.

Rückschnitt

Es gibt verschiedene Gründe, warum Pflanzen zurückgeschnitten werden sollten. Zum einen, um sie zu verjüngen. Denn nach einem kräftigen Rückschnitt bilden sich reichlich Seitentriebe, was die Pflanze insgesamt buschiger und kompakter werden lässt. Ein gutes Beispiel dafür ist die wuchsfreudige Schönmalve. Wird sie nicht regelmäßig zurückgeschnitten, ist ein staksiges Wachstum und das Verkahlen von der Basis her unvermeidbar. Es ist daher sehr wichtig, dass Sie blattlose Triebe immer gleich entfernen, denn sie bilden – wenn überhaupt – nur im vorderen Drittel neues Blattwerk aus. Für das Zurückschneiden weicher Blattstiele ge-

■ **STABILISIEREN Langstielige, rankende Pflanzen mit einem Bambus- oder Holzstab stabilisieren. Zum Festbinden der Triebe empfiehlt sich ein extra Power Gewebeband (z. B. von tesa), das es in vielen Farben gibt. Danach das Gewebeband mit der Klebeseite bis auf die Endstücke aufeinander legen. Dann damit die Zweige und Rankhilfen umfassen und die Enden ebenfalls zusammenkleben.**

nügt ein scharfes Messer oder eine Haushaltsschere. Verholzte Triebe sollten Sie besser mit einer Gartenschere entfernen. Bei verzweigten Pflanzen immer kurz über einem Seitentrieb schneiden und keine Stummel stehen lassen. Schnittwerkzeug jeder Art muss immer scharf und sauber sein. Deshalb die Klingen regelmäßig reinigen. Ansonsten können die Triebe gequetscht oder ansteckende Keime übertragen werden.

Verwelkte Blüten und Blätter entfernen

Verblühtes sollten Sie möglichst immer gleich entfernen, entweder durch Abschneiden mit einer scharfen Schere oder durch Abknipsen mit der Hand. Ansonsten kann es zur Samenbildung kommen und das würde die Pflanze im Wachstum bremsen.

RAUS IN DIE SOMMERFRISCHE

Es gibt zahlreiche Zimmerpflanzen, denen ein Standortwechsel ins Freie über die Sommermonate sichtbar gut tut. Damit das auch so ist, müssen sich Azalee, Weihnachtskaktus, Palmen, Grünlilie, Gummibäume und Co aber erst langsam an ihren Aufenthalt im Freien gewöhnen. Ganz besonders gefährlich ist direkte Sonne. Im Nu können die Blätter verbrennen. Um das zu verhindern, ist es ratsam, sie durch einen Schirm vor direkter Einstrahlung zu schützen. Meine Gliederkakteen, die Yucca und der Zierspargel stehen den ganzen Sommer über auf einem Regal unter einem ausladenden, alten Kirschbaum im lichten Schatten. Anfang, spätestens Mitte Oktober, bevor man die Pflanzen zurück ins Zimmer räumt, werden die Töpfe dann mit Essigwasser abgeschrubbt, damit keine Schnecken oder andere unliebsame Gäste mit in die Wohnung eingeschleppt werden.

■ **EIN PLATZ IM FREIEN Die meisten Zimmerpflanzen genießen es, im Sommer draußen zu stehen.**

Fitnesskur für Ihre Pflanzen: regelmäßiges Umtopfen

UMTOPF-UTENSILIEN **Tragen Sie alles zusammen, was Sie zum Umtopfen brauchen: einen neuen Topf (Durchmesser 2 bis 5 cm größer als bisher), frische Blumenerde, Tonscherben und eventuell Blähton oder Tongranulat.**

Das Geheimnis schöner Zimmerpflanzen liegt am richtigen Standort und an optimaler Pflege. Dazu gehört auch das regelmäßige Umtopfen. Besonders junge Pflanzen müssen Sie stets gut im Auge behalten. Denn im gleichen Maße, wie sich ihre Blätter vergrößern, tun es auch ihre Wurzeln. Das bedeutet: Pflanzen, die noch nicht ausgewachsen sind, müssen jährlich in ein etwas größeres Gefäß in frische Erde umgetopft werden. Sonst verdichten sich die Wurzeln so stark, dass kein Platz mehr für Erde übrig bleibt und sie letztlich verfilzen. Sobald die Zimmerpflanzen ausgewachsen sind, wird nur noch alle drei oder vier Jahre umgetopft.

VORBEREITEN

Bevor Sie ans Umtopfen gehen, sollten Sie die Pflanzen unbedingt ausputzen. Das heißt: Alle welken Blüten und Blätter mit einer Schere abschneiden; die ganze Pflanze auf Schädlingsbefall oder Krankheiten hin überprüfen und nach Bedarf entsprechende Maßnahmen veranlassen. Staubige Blätter reinigen. Dazu den Wurzelballen in einen Müllbeutel stecken und die Pflanze kräftig mit warmem Wasser abduschen. Sind beim Vorbereiten Blüten, Blätter oder Triebe beschädigt worden, diese gleich abknipsen oder mit einer Schere abschneiden. Dann die Pflanze eintopfen. Zeitaufwand: bis zu 30 Minuten.

1

DRÄNAGESCHICHT **Das Pflanzgefäß sollte Wasserabzugslöcher haben, die mit Tonscherben bedeckt werden. Um Staunässe zu verhindern, darauf eine dicke Schicht Blähton oder Tongranulat (Fachhandel) geben.**

2

ERDE EINFÜLLEN **Auf die Dränage wird mindestens 3 cm hoch frische Blumenerde gegeben. Achten Sie auf Qualität: Gute Erde ist luftig, gut wasserdurchlässig und mit Nährstoffen angereichert.**

Pflanztöpfe gibt es in unterschiedlichen Materialien

Tontöpfe haben den Vorteil, dass sie luft- und wasserdurchlässig und ab einer bestimmten Größe auch standfest sind. Nachteil: Pflanzen im Tontopf müssen häufiger gegossen werden, da Ton porös ist und Wasser verdunstet. Kunststoffgefäße dagegen sind wasserundurchlässig, leicht und unzerbrechlich.

Bei der Neuanschaffung eines Gefäßes ist es ratsam, im Gartencenter Indoor-Pflanzgefäße mit Wassertank anzuschauen. Es gibt ganz erstaunliche und super schicke Gefäße mit doppeltem Boden. Vorteil: Es muss bis zu zwei Wochen nicht gegossen werden.

Beim Erde-Kauf nicht sparen! Einheitserde 2 ist gut vorgedüngt und eignet sich für die meisten Topfpflanzen. Spezialerden gibt es für Azaleen, Orchideen, Kakteen oder Zitrusgewächse.

WENN'S IM TOPF ZU ENG WIRD

Auf dem Foto oben ist zu sehen, dass Wurzeln derart großen Druck ausüben können, dass sie in der Lage sind, das Gefäß zu sprengen. Ist das der Fall, gibt es nur noch eins: sofort einen größeren Topf und frische, strukturstabile Pflanzerde besorgen und die Pflanze gleich umtopfen. Doch bevor der Topf durch Wurzeldruck gesprengt wird, gibt es längst eindeutige Signale, die auf notwendiges Umtopfen hinweisen:

1. Das Gefäß ist im Verhältnis zu den Pflanzen eindeutig zu klein.
2. Wurzeln werden so stark nach oben gedrückt, dass sie über dem Topfrand liegen. Das kommt zum Beispiel häufig bei Zierspargel, Grünlilie oder Palmen vor.
3. Wurzeln wachsen aus dem Wasserabzugsloch heraus.
4. Blätter werden gelb und fallen ab.
5. Neue Blätter bleiben klein.
6. Die Erdoberfläche vermoost zunehmend.
7. Tontöpfe bekommen hartnäckige Kalkausblühungen.

Der optimale Zeitpunkt zum Umtopfen ist im zeitigen Frühjahr, von etwa Ende Februar bis Anfang März. Ausgenommen sind Pflanzen, die dann gerade blühen, wie zum Beispiel Klivie, Kolumnee, Kamelie, Hibiskus oder Zimmerlinde.

■ **AUSTOPFEN** Die Pflanze aus dem zu klein gewordenen Gefäß nehmen. Sitzt sie zu fest, den Topf auf die Tischkante schlagen, Ballen vorsichtig herauslösen oder den Topf mit einer Schere aufschneiden.

■ **EINPFLANZEN** Erde vom Ballen lösen, Wurzeln auflockern und etwas zurückschneiden. Dann Pflanze in größeren Topf setzen: mittig und in gleicher Höhe wie im alten Topf. Mit frischer Erde auffüllen.

■ **FIXIEREN** Die Oberkante des Wurzelballens sollte ca. 2 cm unterhalb des Gefäßrandes liegen und rundum sollte mind. 2 cm Platz zum Topfrand bleiben. Freiräume mit Erde füllen, fest andrücken, bis die Pflanze stabil steht.

Pflanzen in Hydrokultur – pflegeleichter geht es kaum

■ **ELEGANTES DUO** **Nestfarn *(Asplenium nidus)* und meerblauer Keramiktopf ergänzen sich perfekt. Das Arrangement macht sich sehr schön in der Küche oder im Badezimmer. Nestfarn gedeiht prima im Halbschatten und braucht feuchte Luft.**

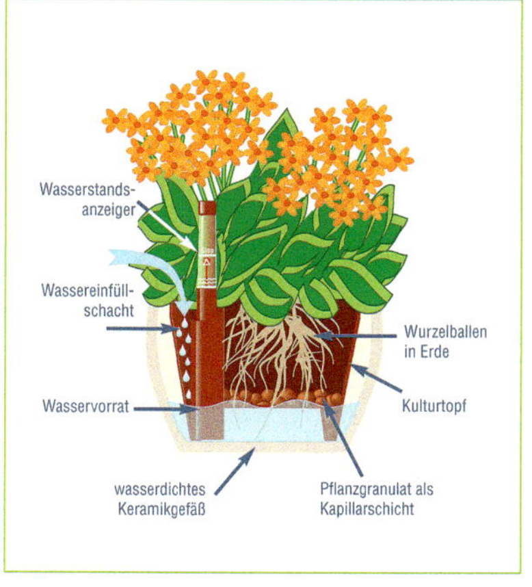

■ **TERRACOMFORT** **Dies ist ein weiteres überaus praktisches Pflanzsystem mit Wassereinfüllschaft und Wasserstandsanzeiger. Der Clou: Die Pflanze hat einen Erdballen, der auf Blähtonkügelchen aufsitzt. Geht der Wasservorrat zu Neige, wird es angezeigt.**

Pflanzen kann man auch ganz ohne Erde halten. Diese Idee ist keine Eintagsfliege, sondern dank Hydrokultur ein empfehlenswertes und lange erprobtes System – vor allem für Pflegemuffel. Dass der Bedarf an Pflanzen in Hydrokultur groß ist, ist schon an dem stetig zunehmenden Fertigsortiment im Pflanzenhandel zu sehen.

Was ist Hydrokultur?

Zur Hydrokultur gehören Blähton – das sind kleine, braune Kügelchen, in denen die Pflanzen Halt finden –, Wasser und ein Nährstoffcocktail. Hydrokultur heißt immer, dass Sie zwei Gefäße brauchen: einmal einen speziellen Kulturtopf, der aus durchbrochenem Kunststoff ist und in dem die Pflanze in Blähton sitzt, und dazu einen passenden Übertopf, in den dann Wasser und Dünger (Nährlösung) kommen. Ein weiteres unverzichtbares Zubehör ist der Wasserstandsanzeiger: Ein Kunststoffröhrchen mit Schwimmer, das anzeigt, wann es wieder Zeit zum Gießen ist. Kulturtopf, Blähton, Übertopf, Nährstofflösung und Wasserstandsanzeiger werden häufig als Set in unterschiedlichen Größen angeboten. Grundsätzlich kann natürlich jeder dichte Übertopf als Pflanzgefäß verwendet werden.

Die Umstellung von Erde auf Hydrokultur

Jüngere Pflanzen können relativ leicht von Erd- auf Hydrokultur umgestellt werden. Zunächst die Pflanze aus dem Topf nehmen und die trockene Erde entfernen. Dann den Wurzelballen unter fließendem, lauwarmem Wasser so lange ausspülen, bis keinerlei Erdreste mehr vorhanden sind. Dabei möglichst behutsam vorgehen. Danach den Wurzelballen rundum einkürzen, abgeknickte oder faule Wurzeln entfernen. Eine Schicht Blähton in den Pflanzkorb füllen, die Pflanze bzw. den Wurzelballen von Erde befreien und darauf ausbreiten. Anschließend die Zwischenräume mit den Blähtonkügelchen auffüllen. Den Wasserstandsanzeiger wie angegeben am Korb befestigen und in den Übertopf stellen. Dann warmes, ungedüngtes Wasser bis zur Maximal-Marke eingießen. Nach zwei bis drei Wochen, wenn Minimum angezeigt wird, nachgießen und von nun an regelmäßig Hydrodünger zufügen.
Die Hydrokultur wurde ursprünglich nur für Grünpflanzen eingesetzt. Erfahrungen zeigen, dass auch Medinille, Wachsblume, Drehfrucht, Flamingoblume und andere Blütenpflanzen prima ohne Erde auskommen. Blähton wiegt weitaus weniger als Erde, was die Kultur erleichtert und besonders für Großpflanzen von Vorteil ist. Einziger Wermutstropfen: Blähton ist in der Anschaffung um einiges teurer als eine gute Zimmerpflanzenerde.

NÄHRLÖSUNG REGELMÄSSIG AUSTAUSCHEN

Bei der Hydrokultur setzen sich mit der Zeit Salze auf dem Granulat und im Gefäßboden ab. Das ist weder dekorativ noch für die Pflanze gesund. Deshalb die Nährlösung zweimal im Jahr austauschen und die Gefäße gründlich reinigen. Dazu den Wasserstandszeiger rausziehen und zur Seite legen. Dann den Kulturtopf aus dem Übertopf nehmen und den Blähton so lange mit fließendem, kaltem Wasser abbrausen, bis das Substrat vollständig gereinigt ist. Bei diesem Vorgang werden abgebrochene oder nicht mehr ganz gesunde Wurzeln gleich mit ausgespült.
Den Übertopf ebenfalls gründlich reinigen. Nun den Kulturtopf mit Wasserstandsanzeiger wieder in den Übertopf geben und neue Nährlösung einfüllen.

MODERNER WOHNSTIL **Für die Steckenpalme *(Rhapis excelsa)* bietet sich die Hydrokultur geradezu an: Sie verträgt weder Staunässe noch Trockenheit. Hier steht sie im Topf 'Toscana Rustica'.**

Tongranulat statt Erde – eine saubere Lösung

■ **PFLEGELEICHT** Beim Standort ist das Einblatt *(Spathiphyllum floribundum)* flexibel, hell bis halbschattig und ganzjährig bei Zimmertemperatur ist in Ordnung.

■ **ELEGANT** Die Zwerg-Dattelpalme *(Phoenix)* kommt am schönsten zur Geltung, wenn sie alleine steht. Sie braucht einen sehr hellen Standort und eine hohe Luftfeuchtigkeit.

Wenn auch noch vielen unbekannt, so ist Tongranulat (Seramis) für Zimmerpflanzen eine ebenfalls empfehlenswerte Alternative zur Blumenerde. Zum einen müssen die Pflanzen weniger gegossen und zum anderen nur selten umgetopft werden.

Was ist Tongranulat?

Das strukturstabile, rostfarbene Granulat wird aus Ton gewonnen und ist in der Lage, Wasser zu speichern und langsam wieder abzugeben. Die Pflanzen finden den gleichen Halt wie in normaler Erde. Kleiner Wermutstropfen: Das Granulat enthält selbst keine Nährstoffe, deshalb muss bei jedem Gießvorgang ein auf dieses System abgestimmter Spezialdünger mit ins Wasser gegeben werden. Dies sollte allerdings kalkfrei sein, ansonsten kann es auf Dauer zu hässlichen Kalkablagerungen kommen.

PFLEGELEICHTES PFLANZGRANULAT

Seramis kann nahezu grenzenlos eingesetzt werden. Von Alpenveilchen bis Zamioculcas bietet das Tongranulat in Kombination mit dem Dünger die besten Voraussetzungen für ein gesundes Pflanzenwachstum. Wer generell dazu neigt, seine Pflanzen eher zu wässern als wohldosiert zu gießen, verwendet anstelle eines dichten Pflanzgefäßes besser einen Topf mit Wasserabzugsloch und stellt ihn auf einen Untersetzer. Denn steht der Gießanzeiger auf „rot“, heißt das lediglich, dass die Pflanze Wasser braucht. Man kann jedoch nicht erkennen, wie viel Wasser tatsächlich fehlt.

■ **UMTOPFEN** Der Wurzelballen dieser *Curcuma*-Pflanze zeigt, dass es für sie höchste Zeit für einen größeren Topf ist. Utensilien – größerer Topf, Substrat, Dünger, Gießanzeiger – zurechtlegen.

■ **SUBSTRATWECHSEL** Die Umstellung von Erde auf Tongranulat ist einfach. Den Wurzelballen lockern, evtl. Wurzeln etwas zurückschneiden, die Pflanze ins Tongranulat setzen, auffüllen.

■ **TOPFVOLUMEN** Der Wurzelballen darf nicht mehr als 1/3 des Gefäßes und das Substrat etwa 2/3 einnehmen. Den Gießanzeiger tief in den Wurzelballen stecken. „Rot" bedeutet Trockenheit.

So wird umgetopft

Sie können Ihre Pflanzen jederzeit und ohne großen Aufwand auf Tongranulat umstellen. Dazu werden die Grün- oder Blühpflanzen ausgetopft, die Wurzeln gelockert und bei zu starken Auswüchsen entfernt man eventuell einen Teil davon mit einem scharfen Messer oder einer Schere. Anhaftende Erde müssen Sie nicht entfernen, sie verwächst sich mit dem Granulat. Nun setzen Sie die vorbereitete Pflanze in einen Topf mit Tongranulat, füllen die Lücken rundum damit auf und drücken die Pflanze gut fest. Als Gefäß eignet sich jeder wasserdichte Übertopf. Ist die Pflanze eingetopft, wird der Gießanzeiger tief in den Wurzelballen gesteckt und die Pflanze mit gedüngtem Wasser gegossen. Danach haben Sie einige Tage Ruhe, da das Granulat Wasser bis zu 100 Prozent seines Eigengewichts speichern kann.

■ **NÄHRSTOFFE** Zuletzt gießen, bis sich das Anzeigefeld blau verfärbt, und den Dünger nicht vergessen. Damit die Pflanze weiterhin prächtig wächst und gedeiht, müssen Sie sich exakt an die Düngeangaben halten. Die Gießwassermenge nimmt etwa ein Viertel des Topfvolumens ein. Möglichst nur mit entkalktem Wasser gießen, sonst kommt es zu hässlichen Ablagerungen.

Dünger macht die Pflanzen fit

DIE WICHTIGSTEN NÄHRSTOFFE

- Stickstoff (N) ist wichtig für das Pflanzenwachstum und wird zur Bildung von Blattgrün (Chlorophyll) benötigt.
- Phospor (P) sorgt für gesundes Wurzelwachstum.
- Kalium (K) ist für die Blüten- und Fruchtbildung sowie die Standfestigkeit wichtig.

KINDERLEICHT Einfach Düngestäbchen in Ballennähe in die feuchte Erde stecken und die Pflanze ist für die nächsten zwei bis drei Monate mit den notwendigen Nährstoffen versorgt.

DÜNGEKEGEL Egal für welche Form des Düngens Sie sich entscheiden, die Hersteller-Empfehlungen sind exakt einzuhalten. Die Zusammensetzung unterscheidet sich von Produkt zu Produkt.

Grundsätzlich ist jede Zimmerpflanze auf die Zugabe von Nährstoffen angewiesen. Neben den Lebenselixieren Licht, Luft und Wasser benötigen Zimmerpflanzen jede Menge Nährstoffe, damit sie sich prachtvoll entwickeln. Zu den wichtigsten Substanzen gehören Stickstoff, Phosphor und Kalium (siehe Kasten oben). Das sind zwar Stoffe, die in jeder guten Zimmerpflanzenerde standardmäßig enthalten sind, doch diese Nährstoffe werden innerhalb weniger Monate meist restlos aufgebraucht. Deshalb ist regelmäßiges Nachdüngen zwingend notwendig. Allerdings hängt der Düngezeitpunkt von der Jahreszeit und dem Entwicklungsstadium der Pflanze ab. Sobald eine Portion Dünger notwendig ist, zeigt uns dies die Pflanze in der Regel an: Die Blätter verfärben sich, neue Blütenknospen bleiben aus und insgesamt wird das Gewächs zusehends mickriger. Von März bis Ende August brauchen Zimmerpflanzen regelmäßige Düngegaben, in der lichtärmeren Jahreszeit kommen sie mit weniger aus. Sehr viel Dünger brauchen zum Beispiel Hortensien oder einige Palmen. Super genügsam sind dagegen Sansevierie oder Yucca.
Stehen Pflanzen jahrelang in der

gleichen Erde, kann es zu Mangelerscheinungen kommen. Dies ist spätestens dann angezeigt, wenn es zu Salzanreicherungen kommt, die sich durch weiße Ablagerungen an der Topfwand, auf der Erde oder am Wurzelballen zeigen.

Sie haben die Wahl – verschiedene Dünger

Die immer noch gängigsten und preiswertesten Dünger sind flüssige Universaldünger. Spezialdünger für Blühpflanzen oder Grünpflanzen sind besonders empfehlenswert. Sie sind in der Zusammensetzung perfekt auf die Nährstoffbedürfnisse der unterschiedlichen Pflanzenarten abgestimmt. Spezialdünger gibt es für Kakteen, Orchideen, Palmen oder Zitrusgewächse. Flüssigdünger, Dünge-Gel oder -Granulat werden ins Gießwasser gegeben. In dieser Form sind die Nährsalze für die Pflanzen sofort verfügbar und werden über die Wurzeln aufgenommen. Depotdünger oder Langzeitdünger hingegen geben ihre Wirkstoffe wohldosiert über längere Zeiträume hinweg ab. Ein weiterer Unterschied dieser zunächst etwas teurer scheinenden Dünger ist die feste Form. Langzeitdünger werden als Düngestäbchen, Düngekegel, Düngedrops oder auch Düngetabletten angeboten. Spezialdünger sind auch für erdlose Kulturen, wie Hydro- oder Seramiskultur, erforderlich.
Düngen Sie Ihre Pflanzen regelmäßig und halten Sie sich immer exakt an die auf der Verpackung angegebene Dosierungsanleitung. Stark wachsende Pflanzen brauchen mehr Dünger als schwachwüchsige. Der Einsatz von organischen Düngern, wie Hornspänen oder Hornmehl, empfiehlt sich vor allem für grünblättrige Großpflanzen, wie Baumfreund, Schefflera, Gummibaum oder Zimmeraralie. Am besten verteilen Sie im Frühjahr und Sommer eine Hand voll davon auf dem Erdballen. Oder Sie geben eine Hand voll organischen Dünger beim Umtopfen über die Dränageschicht hinzu.

FLÜSSIG DÜNGEN **Zunächst die erforderliche Menge Wasser in die Gießkanne einfüllen, die darauf abgestimmte Düngermenge (siehe Herstellerangabe) dazugeben und gießen.**

OHNE NÄHRSTOFFE GEHT ES NICHT

Nachlassender Wuchs und Blattverfärbungen (die Blätter werden heller oder vergilben) deutet auf Stickstoffmangel hin.

Magnesiummangel führt zu gelben Blättern und dunkelgrünen Blattadern, ist jedoch zunächst auf ältere Blätter begrenzt.

Eisenmangel zeigt sich an jungen Blättern: Sie werden zunehmend gelb, nur die Blattadern bleiben grün.

Stimmt die Nährstoffversorgung nicht, erkennen Sie das spätestens dann, wenn Wachstumsstörungen oder Farbveränderungen der Blätter auftreten. In der Regel lässt sich das durch gezielte Düngegaben wieder wettmachen. Es ist wichtig, dass Pflanzen wie auf der Düngepackung angegeben regelmäßig mit Nährstoffen versorgt werden. Am längsten halten Depotdünger.

Krankheiten und Schädlinge vermeiden

■ **THRIPSE Bei einem Befall mit Thripsen erscheinen die Blätter anfangs silbrig gepunktet, später verfärbend sie sich und fallen ab.**

Die erste Vorbeugemaßnahme gegen Krankheiten und Schädlinge ist, sich vor dem Kauf mit den Standortbedingungen und Bedürfnissen der von Ihnen gewünschten Zimmerpflanze auseinander zu setzen. Ganz wesentliche Punkte sind die Lichtverhältnisse und die Temperaturen. Denn so unterschiedlich wie das Aussehen, so verschieden sind auch die Bedürfnisse von Pflanzen. Werden diese permanent ignoriert, werden sie über kurz oder lang von Krankheiten oder Schädlingen befallen.

Schädlinge

Trotz aller Vorsichtsmaßnahmen passiert es immer wieder, dass Schädlinge auftreten. Blattläuse zum Beispiel machen sich durch klebrige Flecken auf der Fensterbank oder bei Zimmerbäumen auf dem Boden bemerkbar. Ist dies der Fall, ist die betreffende Pflanze einer sofortigen Inspektion zu unterziehen und in der Duschwanne gründlich abzubrausen. Machen sich schon ganze Kolonien an den Blättern, Blüten und Triebspitzen breit, sollten Sie die Läuse abstreifen oder ein Läusespray einsetzen. Ebenso unangenehm ist der Befall mit Schmier- oder Wollläusen. Sie sehen aus wie kleine Flöckchen und haften in den Blattachseln. Am einfachsten lassen sie sich durch eine Spritzung mit einer Seifen-Spiritus-Lösung (10 ml Brennspiritus in 1 Liter lauwarmes Seifenwasser geben) bekämpfen. Das Gleiche gilt auch für die Behandlung von Schildläusen, die sich rasch ausbreiten und letztlich zu Blattverlust führen.

■ **BLATTFLECKENPILZE Gelbe bis braune, verschieden große Flecken an Blättern und Stängeln; kranke Pflanzenteile entfernen; spritzen.**

■ **BLATTLÄUSE Befallene Triebspitzen und Knospen mit Wasser abspülen oder abstreifen. Unbedingt Nützlinge oder Pflanzenschutzstäbchen einsetzen. Zugluft vermeiden.**

■ **WOLLLÄUSE Watteähnliche Tierchen an Blattachseln und -unterseiten; Pflanze klebrig. Mit Spiritus-Seifenlösung oder Weißölmittel betupfen; später abspülen. Für mehr Luftfeuchtigkeit sorgen.**

■ **ECHTER MEHLTAU Weißgrauer Belag auf Blättern und Knospen (Pilzinfektion): Erkrankte Pflanzenteile sofort entfernen und vernichten.**

■ **WEISSE FLIEGE** Winzige Tiere, die bei Berührung in Schwärmen auffliegen und Honigtau auf den Blättern hinterlassen. Wirksam: Gelbtafeln aufhängen, Nützlinge einsetzen.

■ **SCHILDLÄUSE** Braune, verhärtete Schilde, unter denen sich Läuse verbergen; Weißölmittel auftragen oder mit Spiritus-Seifenlösung einpinseln und die harten Schilde abkratzen. Pflanze unbedingt etwas kühler und heller stellen. Zugluft möglichst vermeiden.

■ **SPINNMILBEN** Gespinste zwischen und unter den Blättern; kränkelnde Pflanzen bei trocken-warmer Luft besonders betroffen. Die Pflanzen abduschen und Luftfeuchtigkeit deutlich erhöhen. Hilfreich: Schutzmittel auf Seifenbasis.

Pilzerkrankungen

Im Vergleich zu Pilzerkrankungen sind Schädlinge weitaus leichter zu bekämpfen. Bei Krankheiten, wie Grauschimmel, Rostpilzen oder Echtem Mehltau, lässt sich ohne chemische Keule überhaupt nichts mehr machen. Außer: Sie schneiden die betroffenen Pflanzenteile rigoros ab und entsorgen Sie im Restmüll. Krankheiten sind oft auf Standortprobleme oder Pflegefehler zurückzuführen. Grauschimmel zum Beispiel entsteht wie die meisten Pilzerkrankungen bei feuchtwarmer Luft und permanentem Lichtmangel.
Wenn junge Triebe vertrocknen, deutet das dagegen auf Staunässe und zu trockene Luft hin.

SCHÄDLINGSBEKÄMPFUNG

- Chemische Mittel nur verwenden, wenn alternative Methoden nichts bringen.
- Möglichst systemische Mittel einsetzen (umweltfreundlich). Wirkstoff wird von den Wurzeln aufgenommen.
- Übliche Darreichungsform: eine Lösung fürs Gießwasser.
- Wenig bekannt: Pflanzenschutzstäbchen, werden einfach in die Topf-Erde gesteckt.

■ **GELBTAFELN**

Vermehrung leicht gemacht: Teilung, Stecklinge, Absenker

■ **VERMEHRUNG IM WASSERGLAS** **Viele Pflanzen lassen sich problemlos in einem Glas mit Wasser bewurzeln; gelegentlich Wasser nachgießen.**

Die weitläufige Meinung, dass sich die Vermehrung von Zimmerpflanzen nicht lohnt, weil sie zu aufwändig sei, stimmt nicht. Bei den meisten Techniken ist der Erfolg garantiert. Dazu gehört die Wurzelstockteilung buschiger Pflanzen, wie zum Beispiel von Einblatt oder Flamingoblume. Doch beim Teilen geht es nicht nur ums Vermehren, sondern auch um die Verjüngung der Pflanze. Das heißt, die Teilstücke werden anschließend zügig wachsen.

Grundsätzlich sind das Frühjahr und der Frühsommer optimal für die Pflanzenvermehrung. Die Tage werden länger und Licht ist das Lebenselixier schlechthin. Außerdem: Viele Pflanzen brauchen jetzt sowieso einen Rückschnitt. Somit bietet es sich geradezu an, die anfallenden Kopfstecklinge in Anzuchterde zu setzen. Wichtiger Hinweis: Beim Hantieren mit Stecklingen nicht die Augen reiben, denn viele Pflanzen sondern einen schleimhautreizenden Pflanzensaft ab.

Zur Bewurzelung im Wasser eignen sich besonders gut: Kolbenfaden, Kroton, Buntnessel, Kletter-*Ficus* oder Zebrakraut. Etwas mehr Geduld verlangt die Aussaat von Zimmerpflanzen. Hier kommt es darauf an, nicht aufzugeben, auch wenn sich augenscheinlich sehr lange nichts tut, und die Saat wie auf der Kulturanleitung angegeben zu pflegen. Bei Palmen beispielsweise vergehen mitunter drei Monate, ehe sich das erste Grün zeigt.

BLATTSTECKLINGE Gesunde Begonienblätter mit einem Cutter abschneiden, ein paar Hauptnerven durchtrennen. Blätter mit der Oberseite auf ein Sand-Torf-Gemisch (1:1) legen und mit Steinen fixieren. Hell, aber nicht sonnig, bei 16 bis 20 °C aufstellen. Die Jungpflanzen bilden sich an der Einschnittstelle; spätestens nach einem Monat den Pflanzennachwuchs abtrennen und versetzen.

ZIMMERGEWÄCHSHAUS Prächtig, wie sich die Stecklinge in der beheizbaren Anzuchtbox entwickeln.

KINDEL-VERMEHRUNG

Besonders faszinierend ist die Vermehrung bei Grünlilie oder Judenbart. Sie bilden an langen Trieben bewurzelte Jungpflanzen aus. Diese kann man einfach abschneiden und direkt in Erde pflanzen – ruck, zuck wachsen sie an. Pflanzfertigen Nachwuchs bilden auch Henne mit Küken oder Brutblatt (*Kalanchoë pinnata, K. daigremontiana*). Bei diesen sogenannten Brutpflanzen entwickeln sich Kindel direkt an den Blättern.

WURZELSTOCKTEILUNG Große Pflanzen lassen sich durch Teilung einfach vermehren. Beim Umtopfen den kompakten Wurzelballen mit den Händen in mindestens zwei Stücke teilen. Jedem Teilstück einen eigenen Topf mit frischer Erde geben.

ABSENKER Biegsame Efeutriebe mit Draht in der Erde eines zweiten Topfes befestigen. Zuvor den Trieb einritzen, mit Erde bedecken. Diese bis zur Wurzelbildung gleichmäßig feucht halten. Danach den Trieb mit einem scharfen Messer durchtrennen.

Macht Spaß: exotische Pflanzen aus Samen selbst ziehen

Avocado, Granatapfel, Zitrone, Ingwer oder Mango – zahlreiche exotische Pflanzen lassen sich aus Kernen, Samen oder Pflanzenteilen leicht selber ziehen. Ein Versuch auf der sonnig-warmen Fensterbank lohnt sich in jedem Fall. Denn mit Geduld und Ausdauer werden Sie mit faszinierenden Pflanzen belohnt. Allerdings: Auf eigene Ernten dürfen Sie zwar hoffen, Früchte erwarten sollten Sie jedoch nicht. Bis auf wenige Ausnahmen, wie beispielsweise Passionsfrucht, Andenbeere oder Granatapfel, sind die Chancen eher gering. Stets ist jedoch mit attraktiven Pflanzen zu rechnen. Und darum sollte es in erster Linie gehen: die Freude am Ausprobieren!

NICHTS FÜR UNGEDULDIGE

Wer Pflanzen aus exotischen Früchten heranziehen möchte, braucht noch mehr Geduld, als ohnehin beim Gärtnern notwendig ist, denn die Keimzeiten der Samen sind sehr unterschiedlich. Mal dauert es nur zwei, dann aber wieder sechs Wochen, bis sich die ersten Keimblätter zeigen. Wichtig ist, dass der Nachwuchs von Avocado, Carambole, Erdnuss, Granatapfel, Grenadilla, Kaffee, Mango, Maracuja, Passionsfrucht oder Papaya viel Licht und konstante Wärme abbekommt. Außerdem: feuchte Erde und möglichst hohe Luftfeuchtigkeit. Nicht keimfähig sind Samen unreifer Früchte, die Sie an der grünen Farbe erkennen, und durchgeschnittene Samen. Die Früchte dürfen auch keinen Frost erlitten haben.

So funktioniert die Aussaat

Die Aussaat kann unmittelbar nach der Samenernte beginnen. Dafür die kleinen Samen oder Kerne aus dem Fruchtfleisch lösen, in ein Sieb geben und möglichst vorsichtig unter fließendem Wasser waschen. Jetzt auf Küchenkrepp oder Vliespapier ausbreiten und an der Luft trocknen lassen. Danach eine Schale mit Aussaaterde füllen

1

■ **GRANATAPFEL Zur Samengewinnung eine reife Frucht aufschneiden. Die glitschigen Samen behutsam vom Fruchtfleisch lösen, evtl. mithilfe eines Teelöffels oder Holzspatels. Dann über Nacht in einem Glas zimmerwarmem Wasser einweichen.**

2

■ **SAMEN AUSLEGEN Am nächsten Tag die Granatapfel-Samen behutsam auf Küchenpapier legen und trocknen lassen. Einen kleinen Topf mit Aussaaterde füllen. Die Samen mit etwas Abstand voneinander auslegen und dünn mit Erde bedecken.**

3

■ **BESCHRIFTEN UND PFLEGEN Die Gefäße beschriften, mit Folie abdecken, hell und warm stellen. Bis zum Auflaufen der Samen die Erde unbedingt gleichmäßig feucht halten. Eine andere Möglichkeit ist die Vermehrung über Stecklinge im Frühjahr.**

■ **PFLANZEN-NACHWUCHS** **Damit Sämlinge gut gedeihen, müssen Sie ihre Bedürfnisse – Licht, Feuchtigkeit und Temperatur – exakt einhalten.**

und die Samen darauf ausbringen. Das Gefäß mit Folie abdecken und auf die warme Fensterbank stellen. Dabei stets auf konstante Feuchtigkeit achten und bis zum Auflaufen der Samen am besten zweimal täglich gießen beziehungsweise die Erde mit Wasser einnebeln. Sind die Pflänzchen groß genug, diese vorsichtig herausnehmen. Ein paar kleine Töpfchen (geeignet sind auch leere Joghurtbecher; den Boden aber zwei bis drei Mal durchbohren) mit Blumenerde füllen. Dann pro Töpfchen ein oder auch zwei bewurzelte Pflanzen hineinsetzen und gut andrücken. Nach ein paar Wochen den Nachwuchs in gute Zimmerpflanzenerde umpflanzen und stets gut im Auge behalten. Nach etwa vier Wochen den Nachwuchs ein weiteres Mal umtopfen. Je nach Größe kann der Nachwuchs jetzt schon direkt in das endgültige Pflanzgefäß gesetzt werden.

Neue Pflanzen aus Ingwerwurzeln

Sehr beliebt ist die Vermehrung von Ingwerwurzeln. Im Frühjahr ein Rhizom flach und mit den Augen nach oben in ein Gefäß mit Blumenerde legen und mit Erde bedecken. Danach warm und schattig aufstellen; hin und wieder mit Wasser einsprühen. In etwa drei Monaten ist mit dem Austrieb zu rechnen.

■ **GELINGT FAST IMMER Eine Avocado-Pflanze begeistert jeden. Hat sie einen hellen Platz und wird stets mäßig feucht gehalten, entwickelt sie sich super. Im Sommer mag es die Pflanze warm und im Winter gibt sie sich mit etwa 15 °C zufrieden (Anzucht siehe Kasten oben rechts).**

AVOCADOPFLANZEN SELBER ZIEHEN

Eine Avocadopflanze zu ziehen, ist für Groß und Klein ein ganz besonderes Vergnügen, denn die großen Kerne keimen zuverlässig. Dazu den Kern vom Fruchtfleisch lösen und so in sandige Erde setzen, dass mindestens das obere Drittel im Freien ist. Oder den Kern in der Mitte mit Holzstäbchen fixieren und in ein Glas Wasser stellen. Das untere Viertel des Kerns sollte im Wasser stehen. Nach vier bis sechs Wochen bei etwa 25 °C spaltet sich der Kern und bringt erste zarte Triebe zu Tage. Den Sämling in nährstoffreiche Erde pflanzen.

Wintergarten – Platz für Exoten

Im warmen Wintergarten blüht Ihnen zu jeder Jahreszeit etwas

■ **URLAUBS-FEELING** Wohnen inmitten von mannshohen Bananenstauden, Palmen oder Birkenfeigen – wer träumt nicht davon? Das Besondere dieser Pflanzen hier: Sie wachsen in Seramis, einem Tongranulat und sind dadurch, was die Wasserversorgung betrifft, relativ pflegeleicht.

Das Besondere an einem Wintergarten ist, dass dieser Bereich des Hauses überwiegend große Glasfronten hat. Um sich darin rund ums Jahr wohl zu fühlen, darf weder am Belüftungssystem noch an Schattierungsmöglichkeiten gespart werden. Denn sonst wird der Traum vom Wintergarten rasch zu einem Alptraum. Ohne Schutz steigt die Temperatur bei intensiver Sonneneinstrahlung in nur kurzer Zeit auf 50 °C an. Und das wäre fatal.

Die richtige Pflanzen-Auswahl

Wenn alles Notwendige von einem Fachmann installiert wurde, steht der Ausstattung nichts mehr im Weg. Welche Pflanzen in Frage kommen, hängt davon ab, wie die Temperaturen im

■ **PFLANZEN-PARADIES** Ob Hibiskus, Flamingoblume, Birkenfeige oder Palmen: Im Wintergarten blüht und grünt es das ganze Jahr über üppig.

■ **SOMMERSCHÖNHEIT** **Die Dipladenie *(Mandevilla sanderi)* blüht im Wintergarten den ganzen Sommer über. Sie möchte hell und warm stehen.**

■ **VERFÜHRERISCH** **Frangipani *(Plumeria rubra)* heißt diese exotische Schönheit. Die Blüten verströmen den ganzen Sommer über einen wunderbaren Duft. Zum Sattsehen stellt man die Pflanze am besten in Sitzplatznähe auf. Im Winter ist sie laublos und muss trocken gehalten werden.**

Winter darin sind. In einem warmen Wintergarten liegt die Temperatur ganzjährig über 18 °C. Das heißt, hier herrscht stets ein exotisches Klima – ein Eldorado für Hibiskus, Schönmalve, Banane, Bougainvillee, Fingeraralie, Kokospalme, Kolbenfaden, Kaladie, Kroton oder Korbmaranthe. Sie kommen damit bestens zurecht. Aber auch ausgefallenere Pflanzen, wie die Acerola-Kirsche *(Malpighia glabra)*, Zieringwer *(Hedychium gardnerianum)*, Elefantenohr *(Alocasia macrorrhiza)* oder die Echte Guave *(Psidium guajava)* fühlen sich dann noch wohl. Bei der pflanzlichen Ausstattung des Wintergartens empfiehlt es sich auch, sich mit den Eigenschaften der möglichen Substrate auseinanderzusetzen. Wer nicht so viel Zeit mit Gießen verbringen möchte, kann sich für Hydrokultur (siehe S. 60–61) oder Seramis (siehe S. 62–63) entscheiden.

Doch Sachverstand ist nicht nur bei der Bepflanzung der Beete angezeigt, sondern auch bei der Wahl der Gefäße. Gerade hier zahlt es sich aus, nicht zu sparen. Denn es gibt mittlerweile ausgeklügelte Topf-Systeme speziell für Großpflanzen. Aus Steingut oder hochwertigem Kunststoff und sogar mit eingebauten, von außen unsichtbaren, super stabilen Rollen. Was den Transport oder auch nur das Drehen einer Pflanze ungemein erleichtert. Am besten ist es, auch hier nicht das Erstbeste zu kaufen, sondern auf Qualität und Funktionalität zu setzen.

■ **RARITÄT** **Der gedrehte Stamm dieser Pachira *(Pachira aquatica)* im hochwertigen Steingutgefäß – mit Filzfüßen – ist ein absoluter Blickfang.**

Für Energiebewusste – der frostfreie Glasanbau

Die Entscheidung für einen Wintergarten ist in der Regel schnell gefällt. Die Überlegung, ob es ein Warmhaus, also ein gut geheizter Wintergarten mit Wohnzimmertemperaturen sein soll, oder ob es auch kühler sein darf und der Anbau im Winter gerade mal über der Frostgrenze gehalten wird, dauert meistens länger.

Frostfrei heißt, in kalten Winternächten fällt die Temperatur nicht unter 0 °C und steigt in der Regel aber auch nicht über 5 °C. Unter ökologischen und finanziellen Gesichtspunkten betrachtet sind hierfür die Energiekosten am überschaubarsten. Auch wenn diese Variante sich für tropische Pflanzen nicht eignet, so fühlen sich hier Zitrusgewächse (siehe auch Seite 78/79), Oleander, Engelstrompete, Lorbeer oder ein Feigenbaum wohl sowie Pflanzen aus Ostasien (z.B. Kamelie, Zwerg-Dattelpalme oder Sternjasmin) und Australien (z.B. Schirmpalme, Passionsblume oder Keulenlilie). Und an sonnigen Tagen ist es selbst im Winter darin warm genug, um den Nachmittagstee oder Kaffee zu genießen.

Die Alternative zum kalten Wintergarten

Eine dritte, häufig gewählte Möglichkeit liegt zwischen einem Warm- und Kalthaus. Das heißt, die Nachttemperatur wird hier im Winter lediglich auf etwa 10 bis 12 °C gesenkt. Bei diesen Temperaturen sieht es natürlich mit den Pflanzen ganz anders aus. Die Variationsmöglichkeiten sind immens groß. Nahezu alle gewöhnlichen Zimmerpflanzen-Arten gedeihen hier prächtig, und zwar rund ums Jahr. Hibiskus zum Beispiel wird bei diesen Temperaturen durchblühen, Gu-

BLÜTENTRAUM Dieser Kamelienstrauch *(Camellia japonica)* ist bezaubernd. Die Pflanze darf nach der Knospenbildung, nicht mehr bewegt werden, sonst fallen sie ab.

FÜR SCHNUPPERNASEN Der schlingende Sternjasmin *(Trachelospermum jasminoides)* bringt nicht nur bezaubernde Blüten hervor, sie duften auch sehr angenehm.

■ **PFLANZENSAMMLER** **Abwechslungsreicher kann ein Wintergarten kaum eingerichtet werden. An diesem Beispiel besonders praktisch: Die Pflanztöpfe stehen auf einem Kiesbett; lediglich der Sitzplatz ist gepflastert.**

aven und Papayas sogar Früchte tragen. Kübelpflanzen, wie Kamelien *(Camellia japonica)* oder Zier-Banane *(Musa acuminata)* sowie Blütenpflanzen, wie zum Beispiel Korallenstrauch *(Erythrina crista-galli)* und Klivie *(Clivia miniata)*, werden für Aufsehen sorgen.
Ob nun ein Wintergarten gleich beim Hausbau mit integriert oder nachträglich ans Haus angebaut wird: Die optische Wirkung und auch die Wohnqualität sind in jedem Fall beeindruckend. Das geschützte Wohnen inmitten seiner Lieblingspflanzen ist im Sommer wie im Winter einfach wunderbar: ein Ruheort zum Staunen und Experimentieren.

WINTERGARTEN: PFLANZBEET ODER TOPF?

Die Frage, ob Sie für die Pflanzen Beete anlegen oder sie eher in großen Gefäßen halten, ist in erster Linie eine Frage des Geschmacks. Für die Pflanzen selbst ist sicherlich das Beet der beste Ort. Hier wachsen sie besser, da sich die Wurzeln ungehindert ausbreiten können. Pflanzen im Beet sind wuchsfreudiger als im Topf. Ein häufigerer Rückschnitt ist deshalb notwendig. Zudem ist das Gießen weniger aufwändig. Schwierig hingegen wird es, wenn eine Pflanze ausgetauscht werden muss. Dabei kann es schon passieren, dass die eine oder andere Nachbarpflanze in Mitleidenschaft gezogen wird. Ebenerdige oder hoch gemauerte Beete sind möglich. Vorteil für Topfpflanzen: Sie sind stets mobil, sofern sie auf einem Pflanzenroller stehen oder noch nicht zu groß sind. Allerdings muss hier öfters gegossen und gedüngt werden.

Zitruspflanzen – die duftenden Superstars im Topf

Ob Kumquat, Orange, Zitrone oder Chinotto – Zitruspflanzen bringen zu jeder Jahreszeit mediterranes Flair ins Haus. Die Pflanzen passen sehr gut in die Gesellschaft von Bougainvillee, Safranwurz, Zwerg-Dattelpalme, Zier-Banane, Kamelie, Korallenstrauch oder Passionsblume.

■ **RUHE-INSEL** **Umgeben von Palmen, einer blühenden Bougainvillee und einer Früchte tragenden Kumquat-Pflanze lässt es sich herrlich entspannen.**

Zitrus-Vielfalt für den Wintergarten

Dank unermüdlicher Züchtungsarbeit gibt es heute Zitrusgewächse in beachtlicher Auswahl, sowohl für den Wintergarten als

■ **SÜDLICHES FLAIR** **Zitrusgewächse, wie hier eine Mandarine, entwickeln sich besonders schön, wenn sie mit einem Spalier versehen werden, an dem die Triebe aufgeleitet werden.**

ALLGEMEINE PFLEGETIPPS

Zitrusgewächse gedeihen am besten an einem sehr hellen, sonnig-warmen Platz, in durchlässiger, nährstoffreicher Erde. Sie sind sehr wärmebedürftig. Umtopfen ist frühestens nach drei Jahren notwendig. Dabei den Wurzelballen gut lockern und gegebenenfalls mit einem scharfen Messer etwas verkleinern. Als Pflanzsubstrat verwenden Sie am besten Zitrus-Erde aus dem Fachhandel. Ab April wird gedüngt, auch hierfür empfiehlt sich spezieller Zitrusdünger. Halten Sie sich an die vorgegebene Dosierung. Behalten Sie stets die Blattfarbe im Auge: Sobald das Dunkelgrün beginnt, langsam heller zu werden, fehlt wahrscheinlich Dünger. Zitruspflanzen müssen regelmäßig gegossen werden, möglichst mit kalkfreiem, abgestandenem Wasser. Die Erde sollte stets leicht feucht, aber nicht nass sein.

■ **EIN PRACHTEXEMPLAR Der üppige Fruchtbehang macht dieses Kumquat-Bäumchen zum Star. Das Zitrusgewächs ist robust und pflegeleicht, die runden, orangefarbenen Früchte sind samt Schale essbar.**

auch fürs Zimmer. Eine hierfür bestens bewährte Art ist die Calamondin-Orange (*Citrus* x *microcarpa*, syn. *Citrofortunella microcarpa*). Calamondinfrüchte sind klein, orangefarben und haben eine dünne Schale. Dank ihrer Robustheit, reichem Blüten- und Fruchtansatz sowie wunderbarem Blütenduft und nicht zuletzt wegen des kompakten Wuchses gilt sie zu Recht als die Einsteigerpflanze. Den Sommer über verbringt sie am liebsten im Freien, zum Beispiel auf der Terrasse. Im Winter möchte sie hell stehen und verträgt Temperaturen bis 0 °C.

Recht unkompliziert ist auch Chinotto (*Citrus* x *aurantium*, syn. *Citrus myrtifolia*). Chinotto wächst relativ langsam, bringt aber viele Blüten und Früchte hervor. Für Kalthaus-Wintergärten eignen sich zudem Kumquat-Bäumchen.

So kommen sie gut über den Winter

Zitruspflanzen wollen im Winter hell, kühl und relativ trocken stehen. Je wärmer der Überwinterungsplatz ist, umso heller sollten die Pflanzen stehen. Idealer Standort ist ein nur wenig temperierter Wintergarten oder ein helles, frostfreies Treppenhaus mit Temperaturen von bis zu +15 °C am Tag und zwischen –3 und +10 °C nachts. Verlieren die Zitruspflanzen im Winter ihre Blätter, deutet dies auf Fußkälte oder zu feuchte Erde hin. Einfacher Schutz vor Fußkälte: Styropor auf Topfgröße zuschneiden und unter das Gefäß legen. Zum Schutz vor Läusen und Spinnmilben können Sie vorbeugend Pflanzenschutzstäbchen in die Erde stecken und Pflanzenschutzpflaster um den Stamm wickeln.

ZITRONE – DIE BELIEBTESTE ZITRUSFRUCHT

Damit ein Zitronenbäumchen *(Citrus limon)* sich schön entwickelt, müssen Sie einiges dafür tun. Ganz wichtig ist ein regelmäßiger Rück- oder Verjüngungsschnitt. Staunässe muss vermieden werden, sonst kommt es zu Wurzelfäule oder Blattfall. Das Besondere an dieser wärmeliebenden und bedornten Zitrus-Art: Sie blüht mehrmals im Jahr und trägt zeitgleich Früchte in verschiedenen Reifestadien. Die Zitronen sind essbar. Es gibt eine große Sortenauswahl. 'Lisbon' zum Beispiel gilt als robust und 'Ponderosa' bringt besonders große Zitronen hervor.

Erklärung der Symbole

Standort:

- sonnig
- hell, keine direkte Sonne
- halbschattig
- schattig

Pflege:

- leicht: leicht zu pflegen, für Anfänger geeignet
- mittel: normale Pflegekenntnisse erforderlich
- schwer: anspruchsvolle Pflanze, für Fortgeschrittene
- !: Pflanze enthält gesundheitsschädliche Stoffe oder birgt Verletzungsgefahren.

Zimmerpflanzen im Porträt

Schönmalve, Zimmerahorn

Abutilon × hybridum

mittel

Aussehen: Die Schönmalve wächst aufrecht buschig und wird 1,50 bis 2,50 m hoch. Die Blüten erscheinen von März bis November in Weiß, Gelb, Orange, Rosa oder Rot.

Standort: Sonnig, hell, aber ohne pralle Mittagssonne. Gedeiht in den Sommermonaten auch als Kübelpflanze auf Balkon und Terrasse. Im Winter 10 bis 15°C, bei trockenerer Pflege werden auch 3 bis 12°C vertragen.

Wasserbedarf: Gleichmäßige Bodenfeuchte; Ballentrockenheit vermeiden. Im Winter nur wenig gießen.

Düngen: In der Wachstumsphase mäßig, von September bis Februar nur selten düngen. Die Ernährung stimmt, wenn die Blätter waagrecht stehen.

Probleme: Weiße Fliege und Blattläuse, Spinnmilben (besonders bei trockener Luft).

Umtopfen: Wenn nötig im zeitigen Frühjahr.

Pflege: Neigt zu einem sparrigen Wuchs, daher im zeitigen Frühjahr zurückschneiden.

Arten und Sorten: *A. pictum* 'Thompsonii' hat intensiv gelb gemusterte Blätter. Glocken-Schönmalve *(A. megapotamicum)* bildet laternenartige Blüten an überhängenden Trieben, gedeiht auch in Ampeln.

Schiefteller

Achimenes-Cultivars

mittel

Aussehen: Schiefteller werden 20 bis 30 cm hoch und blühen weiß, gelb, rosa, rot, violett oder blau. Die Blütezeit reicht von Mai bis September.

Standort: Heller bis halbschattiger Platz bei 20 bis 25°C. Nicht vollsonnig. Wenn die Pflanze eingezogen ist, den Topf bis zum Frühjahr dunkel und bei 15 bis 20°C aufstellen.

Wasserbedarf: Vom Eintopfen (Februar/März) bis September gleichmäßig feucht halten. Verträgt keine Staunässe. Kein kaltes Wasser auf die Blätter gießen oder sprühen! Ab Ende September ziehen die Pflanzen ein, dann nach und nach das Gießen einstellen. Erst im Februar/März nach und nach wieder langsam mehr gießen.

Düngen: In der Wachstumsphase mäßig, ab September bis März nicht düngen.

Probleme: Ringförmige Blattflecken sind auf zu kaltes Wasser oder zu viel Sonne zurückzuführen; Weiße Fliege und Spinnmilben.

Umtopfen: Im Februar/März legt man die Schuppenrhizome in Töpfe und deckt sie mit 1 bis 2 cm Erde ab. Immer feucht halten und den Topf 20 bis 25°C warm stellen.

Kängurublume

Anigozanthos flavidus

schwer

Aussehen: Die Kängurublume, auch Kängurupfötchen genannt, wird 30 bis 50 cm hoch und bildet grasartige Blätter. Sie blüht gelb, rosa, rot oder grün, von Mai bis August.

Standort: Im Zimmer sonnig und hell. Den Sommer kann sie auch im Freien an einem geschützten Platz in Kästen oder Kübeln verbringen. Von Oktober bis Februar sollte sie hell bei 10 bis 15°C stehen.

Wasserbedarf: In den Wachstumsmonaten reichlich gießen, am besten über den Untersetzer. Ballentrockenheit und Staunässe sind unbedingt zu vermeiden; die Erde muss durchlässig sein. In der Ruhezeit bei kühleren Temperaturen weniger gießen, der Wurzelballen darf aber nicht austrocknen.

Düngen: In der Wachstumsphase mäßig bis wenig, von September bis Februar werden keine Nährstoffe gegeben.

Probleme: Bei zu wenig Sonne im Sommer wird die Pflanze blühfaul. Steht sie zu dunkel, wächst sie sparrig. Schädlinge (meist im Winter) sind Spinnmilben, Blatt-, Schild- und Wollläuse.

Umtopfen: Jährlich im Februar/März.

Große Flamingoblume

Anthurium × andraeanum

mittel

Aussehen: Großes, herzförmiges Laub. Gerade cremegelbe, grünliche oder weiße Blütenkolben, umgeben von einem wachsartig glänzenden Hochblatt; ganzjährige Blüte möglich.

Standort: Hell bis halbschattig ohne direkte Sonne, Temperaturen über 18°C, hohe Luftfeuchtigkeit. Kalten Wurzelballen vermeiden.

Wasserbedarf: In der Wachstumszeit viel, im Winter weniger gießen, am besten mit abgestandenem, möglichst weichem Wasser. Öfter besprühen, aber nicht über die Blüten.

Düngen: Geringer Nährstoffbedarf; von November bis Februar nicht düngen.

Probleme: Schildläuse, Spinnmilben, Thripse; Blattflecken, Wurzelfäule.

Umtopfen: Wenn nötig im Frühjahr.

Achtung: Pflanzen enthalten giftige Substanzen. Äußerlich kann es zu Entzündungen der Haut, nach Aufnahme von Blättern zu Übelkeit, Erbrechen, Durchfall kommen.

Weitere Art: Kleine Flamingoblume, *Anthurium × scherzerianum*, wird bis 1 m hoch, hat lanzettliche Blätter, Hochblätter in Weiß, Gelb, Orange, Rosa, Rot oder Grün und einen gefleckten, oft gebogenen Kolben in Weiß, Gelb, Orange oder Rot. Temperatur im Sommer ca. 20°C, im Winter mind. sechs Wochen bei 15°.

Glanzkölbchen

Aphelandra squarrosa

leicht

Aussehen: Die kleinen, röhrigen, gelben Blüten liegen zwischen den auffälligen Hochblättern, die am Ende der 30 bis 70 cm hohen Triebe stehen. Sie sind kurzlebig und erscheinen von April bis September. Pflanzen blühen selten ein zweites Mal.

Standort: Hell ohne direkte Sonne. Hohe Luftfeuchtigkeit ist empfehlenswert. Zugluft oder kalte Luft vermeiden. Die Blüte im Sommer wird gefördert, wenn die Temperaturen ab März um 20 bis 25°C liegen. Auch eine neunwöchige Kühlphase bei 10°C im Winter mit einer anschließenden Temperaturerhöhung auf 20 bis 25°C fördert die Blütenbildung.

Wasserbedarf: Von Frühjahr bis Herbst auf gleichmäßige leichte Bodenfeuchte achten. Keine Staunässe! Öfter besprühen. Im Winter sparsamer gießen.

Düngen: In der Wachstumsphase mäßig, von November bis Februar schwach düngen.

Probleme: Blattläuse, bei zu kühler oder zu nasser Pflege sowie zu trockener Luft kommt es zu Blattfall.

Umtopfen: Wenn nötig im März/April.

Elatior-Begonie

Begonia-Cultivars (Elatior-Gruppe)

leicht

Aussehen: Viele Blüten-Begonien-Sorten haben attraktive Blüten, die mehrere Monate halten. Sie werden 20 bis 50 cm hoch. Die Blütenfarbe variiert von weiß über gelb, orange, rosa und rot bis violett. Die Blüten können ungefüllt oder gefüllt sein. Im Handel werden das ganze Jahr über blühende Pflanzen angeboten.

Standort: Heller bis halbschattiger Platz. Keine pralle Mittagssonne. In den Wintermonaten ist eine Lufttemperatur um 20°C empfehlenswert. Elatior-Begonien können im Sommer auch auf Balkon oder Terrasse stehen.

Wasserbedarf: Mäßig wässern, im Winter sparsamer mit zimmerwarmem Wasser. Nässe und Staunässe sowie Ballentrockenheit werden nicht vertragen.

Düngen: Während der Blütezeit mäßiger Nährstoffbedarf, ansonsten nur schwach düngen.

Probleme: Blattläuse, Echter Mehltau, Grauschimmel.

Umtopfen: Wenn nötig nach der Blüte umtopfen, dabei zurückschneiden.

Weitere Art: Winter-Begonie *(B. lorraine)* hat meist kleinere und wenig bis nicht gefüllte Blüten.

Browallie, Blauglöckchen

Browallia speciosa

leicht

Aussehen: Die Browallie erreicht eine Höhe von 10 bis 30 cm und blüht weiß, blau oder violett. Die Blütezeit reicht von Februar bis November. Die anfangs kompakten Pflanzen werden im Lauf der Zeit sparrig und geraten aus der Form. Ein Rückschnitt hilft. Neuere Sorten bleiben dicht und buschig.

Standort: Sonnig und warm. Bei kühlen Temperaturen und zu wenig Licht werden weniger Blüten gebildet. Kann sowohl im Zimmer als auch im Sommer im Freien in Beeten oder Kästen gehalten werden. Im Winter temperiert um 15°C stellen.

Wasserbedarf: Immer gut feucht halten, hoher Wasserbedarf; im Winter weniger gießen.

Düngen: In der Wachstumsphase hoher bis mäßiger Düngebedarf, im Winter dagegen nur sehr selten düngen.

Pflege: Verblühtes sollte man regelmäßig entfernen. Ein Rückschnitt fördert die Verzweigung.

Probleme: Weiße Fliege, Mehltau

Umtopfen: Wenn nötig im Frühjahr.

Achtung: Die Pflanzen enthalten giftige Substanzen.

Brunfelsie

Brunfelsia pauciflora var. *calycina*

mittel

Aussehen: Die Blüten sind blau, selten weiß, und erscheinen von Januar bis Juni. Brunfelsien werden 20 bis 40 cm hoch. Sie verlieren mit der Zeit ihren kompakten Wuchs. Ein Rückschnitt hilft.

Standort: Hell, keine direkte Sonne, hohe Luftfeuchtigkeit. Temperatur ganzjährig bei 15 bis 18°C. Temperaturschwankungen vermeiden. Bei zu hohen Temperaturen werden Blüten und Knospen abgeworfen. Zur Knospenbildung von Oktober bis Dezember etwa sechs Wochen bei 12°C hell stellen.

Wasserbedarf: Auf mäßige Bodenfeuchte achten, öfter besprühen. Von November bis Februar weniger wässern, aber nie ganz austrocknen lassen.

Düngen: In der Wachstumsphase gering bis mäßig, von November bis Februar nur schwach düngen.

Pflege: Um einen kompakten Wuchs zu erreichen, Triebe nach der Blüte zurückschneiden.

Probleme: An zu sonnigen Plätzen werden die Blätter hell. Durch Staunässe, zu hohe pH-Werte oder Eisenmangel kommt es zu Chlorosen (gelben Blätter); Blattläuse, Spinnmilben.

Umtopfen: Wenn nötig nach der Blüte.

Achtung: Die Pflanzen enthalten giftige Substanzen.

Kamelie

Camellia japonica

schwer

Aussehen: Die Kamelie wächst wie ein Strauch und wird im Kübel bis etwa 1,50 m hoch. Die eleganten Blüten sind weiß, rosafarben oder rot, manchmal auch zweifarbig und erscheinen von Januar bis April.

Standort: Hell bis halbschattig, luftfeucht. Stellen Sie die Pflanze in den Sommermonaten ins Freie. Vor den ersten Frösten ins helle Winterquartier holen. Zur Blüte wärmer halten – bis maximal 15°C.

Wasserbedarf: Gleichmäßig und viel gießen. Die Kamelie hat einen hohen Wasserbedarf, verträgt aber keine Staunässe! Öfter besprühen. Im Winter weniger gießen. Wichtig: Kalkarmes Wasser oder Regenwasser verwenden.

Düngen: Wenig Kamelien-Dünger geben.

Probleme: Blatt- und Schildläuse, Thripse.

Umtopfen: Wenn nötig nach der Blüte, und zwar in leicht saure Erde (Azaleen- und Kamelien-Erde).

Besonderheiten: Wenn die Pflanze Knospen angesetzt hat, den Standort nicht verändern, das kann zu Knospenfall führen. Rückschnitt sollte erst nach dem Abblühen vorgenommen werden und nicht zu stark.

Glockenblume

Campanula isophylla

leicht

Aussehen: Diese Glockenblumen-Art wird 10 bis 20 cm hoch und hängt bis zu 40 cm herab. Die weißen oder blauen Blüten erscheinen in ungeheurer Fülle von Juni bis September.

Standort: Heller, eher kühler Platz, geschützt vor direkter Sonne. Ab Mitte Mai bis September nach draußen stellen. Die Pflanzen vertragen weder Zugluft noch Frost. Im Winter sollte die Temperatur 15°C nicht übersteigen, besser sind 5 bis 10°C, ab März wieder wärmer stellen.

Wasserbedarf: Gleichmäßige Bodenfeuchtigkeit ist wichtig, keine Ballentrockenheit oder zu viel Nässe. In der Ruhezeit (bis Ende Februar) nur sparsam gießen.

Düngen: Von Frühling bis Herbst mäßig, im Winter nicht düngen.

Pflege: Kann im März auch stärker zurückgeschnitten werden. Vorsicht: die Triebe brechen leicht ab.

Probleme: Blattläuse, Thripse, Spinnmilben, in den Wintermonaten Grauschimmel-Befall möglich.

Umtopfen: Wenn nötig im Frühjahr, in humose, nahrhafte und durchlässige Erde.

Zier-Paprika, Zier-Pfeffer

Capsicum annum

leicht

Aussehen: Nur wenige Pflanzen bringen im Winter so viel Farbe auf die Fensterbank wie die Zier-Paprika. Sie kann bis 80 cm hoch werden. Ihre Früchte sind gelb, orange, rot, violett oder grün und erscheinen von September bis Dezember. Nachdem die Früchte eingetrocknet sind, wirft man die Pflanze meist weg.

Standort: Sonnig bis hell, luftig, aber keine Zugluft. Die Zimmertemperatur sollte zwischen 15 und 20°C liegen.

Wasserbedarf: Wurzelballen gleichmäßig feucht halten. Nässe, Staunässe und Ballentrockenheit sind zu vermeiden.

Düngen: Da die Pflanze nur bis zum Fruchtfall gepflegt wird, braucht man sie nicht zu düngen.

Probleme: Blattläuse, Spinnmilben; Grauschimmel.

Achtung: Die Pflanzen enthalten giftige Substanzen. Die Früchte dürfen nicht verzehrt werden.

Zitrusbäumchen

Citrus-Arten

mittel

Aussehen: Viele Arten und Sorten, die im Zimmer meist bis 1,50 m hoch werden; bis 4 m sind möglich. Die duftenden weißen Blüten erscheinen in der Regel von Mai bis September. Blüten und Früchte entwickeln sich oft gleichzeitig an der Pflanze. Empfehlenswert: Zwerg-Orange *(Citrus* x *microcarpa)*, Kumquat *(C. japonica*, syn. *Fortunella margarita, F. japonica)*, Mandarine (*C.* x *reticulata)*, Myrtenblättrige Sauerzitrone *(C. myrtifolia)*, Zitrone *(C. limon)*.

Standort: Im Sommer sonnig bis hell bei 18 bis 25°C, im Freien auch halbschattig; vor starker Sonneneinstrahlung schützen. Im Herbst vor den ersten Frösten in ein helles, mindestens 5°C warmes Überwinterungsquartier stellen.

Wasserbedarf: Gleichmäßig feucht halten, reichlich mit Regenwasser oder abgestandenem, weichem, zimmerwarmem Wasser gießen. Im Winter bei kühlem Stand trockener halten.

Düngen: In der Wachstumszeit mäßig bis viel, von September bis Februar nicht düngen.

Probleme: Kalkhaltiges Gießwasser führt zu Eisenmangel, Staunässe zu Blattfall; Schild- und Wollläuse, Spinnmilben.

Umtopfen: Wenn nötig im Frühjahr in durchlässige, schwach saure Erde, am besten spezielle Zitrus-Erde.

Klivie, Riemenblatt

Clivia miniata

mittel

Aussehen: Die Pflanze hat riemenförmige Blätter und erreicht eine Höhe von 60 bis 80 cm. Sie blüht umso schöner und reicher, je älter sie wird. Die orangefarbenen, roten, selten auch gelben Blüten erscheinen von Februar bis Mai. Im Handel gibt es interessante neue, kompakte Sorten.

Standort: Sonniger bis halbschattiger Platz, Temperaturen zwischen 15 und 20°C. Von Oktober bis Januar bei etwa 10°C stellen.

Wasserbedarf: Auf gleichmäßige Bodenfeuchte achten. Kein Wasser im Untersetzer stehen lassen. Staunässe vermeiden. Von Oktober bis Januar möglichst trocken halten. Erst wenn die Blütenstiele etwa 15 cm lang sind, wieder mehr wässern.

Düngen: Nach der Blüte in der Wachstumsphase bis Oktober mäßig, sonst nicht düngen.

Probleme: Standortwechsel vermeiden. Schild- und Wollläuse.

Umtopfen: Wenn nötig nach der Blüte.

Achtung: Die Klivie enthält giftige Substanzen. Der Kontakt mit der Pflanze kann zu Hautreizungen führen. Bei Aufnahme kann es zu Übelkeit, Erbrechen, erhöhtem Speichelfluss sowie Schweißausbrüchen und Durchfall kommen.

Kolumnee, Rachenrebe

Columnea-Arten und Sorten

schwer

Aussehen: Kolumneen sind Hängepflanzen, sie wirken am schönsten in einer Ampel. Die Triebe werden bis zu 80 cm lang. Es gibt zahlreiche Arten und Sorten, die teilweise weißgrünes oder gelbgrünes Laub entwickeln. Die gelben, orangefarbenen oder roten Blüten erscheinen von April bis Juni.

Standort: Hell bis halbschattig, auf keinen Fall direkte Sonne. Die Luftfeuchtigkeit sollte sehr hoch sein. Temperatur um 20°C im Winter, im Sommer um 30°C. Von November bis Februar vier- bis sechswöchige Ruhepause bei 15 bis 18°C einhalten (kann je nach Art und Sorte variieren). Ohne Ruhezeit keine Blüte.

Wasserbedarf: Abgestandenes, weiches Wasser verwenden. Substrat gleichmäßig feucht halten, in den Wintermonaten sparsamer wässern, aber niemals ganz austrocknen lassen.

Düngen: In der Wachstumsphase mäßig, von November bis Februar nur schwach düngen.

Probleme: Bei Zugluft kommt es zu Laubfall, Blattschäden entstehen durch Benetzung mit kaltem Wasser; Blattläuse.

Umtopfen: Wenn nötig erst nach der Blüte in schwach saures, humoses Substrat.

Safranwurz, Zitwerwurzel

Curcuma zedoaria

mittel

Aussehen: Die mit dem Ingwer verwandte Pflanze wächst aufrecht und wird bis 50, zum Teil bis 80 cm hoch. Sie zieht von Juni bis September mit ihren ineinander geschachtelten weißen, rosafarbenen oder violetten Hochblättern alle Blicke auf sich.

Standort: Hell bis halbschattig und warm, aber auf keinen Fall pralle Sonne. Im Sommer kann der Safranwurz auch draußen stehen. Die Lufttemperatur sollte während der Wachstums- und Blütezeit bei etwa 20°C liegen. Nach der Blüte zieht die Pflanze ein. Das Rhizom wird trocken, dunkel und frostfrei, bei 15 bis 18°C überwintert.

Wasserbedarf: Ab dem Frühjahr sollte die Erde gleichmäßig feucht gehalten werden. Keine Staunässe oder Ballentrockenheit! Nach dem Verblühen wird das Gießen nach und nach eingestellt.

Düngen: Ab April bis zum Verblühen mäßig, danach nicht mehr düngen.

Probleme: Bei zu geringer Feuchtigkeit und trockener Luft muss mit Spinnmilben gerechnet werden.

Umtopfen: Anfang März das Rhizom in frische Erde topfen und angießen. Den Topf jetzt etwas wärmer stellen.

Alpenveilchen

Cyclamen persicum

leicht

Aussehen: Bis 30 cm hoch, herzförmige, dunkelgrüne, manchmal silbrig gezeichnete Blätter. Die weißen, roten, violetten, orange- oder rosafarbenen Blüten erscheinen zwischen August und April. Das „Auge" der Blüte ist häufig dunkler, oft mit andersfarbigem Rand oder gefransten Blütenblättern.

Standort: Kühl, hell bis halbschattig. Bei zu warmem und sonnigem Stand fallen die Blüten um. Im Sommer am besten geschützt im Freien an einem halbschattigen Platz, im Winter drinnen bei 10 bis 15°C.

Wasserbedarf: Mittel; Knolle und Blüten nicht benetzen, sondern nur über den Untersetzer wässern, überschüssiges Wasser abgießen.

Düngen: In der Wachstumsphase mäßig. Nach der Blüte achtwöchige Düngepause, dann schwach düngen.

Pflege: Welke Blätter und Stiele nicht abschneiden, sondern am Stängelgrund ausreißen. So vermeiden Sie Knollenfäule.

Probleme: Spinnmilben, Blattläuse, Grauschimmel.

Umtopfen: Nach der Blüte sechs bis acht Wochen in Ruhe lassen. Wenn der Neuaustrieb erscheint, in frische humose Erde umtopfen. Knolle so tief setzen, dass die Knollenoberfläche etwas über der Erde steht.

Achtung: Alle Pflanzenteile enthalten giftige Substanzen.

Weihnachtsstern, Poinsettie

Euphorbia pulcherrima

mittel

Aussehen: Weihnachtssterne werden 60 bis 80 cm hoch. Die eigentlichen Blüten sind unscheinbar und liegen in der Mitte der Hochblätter, die zitronengelb, rot, rosa, grün oder cremefarben sein können. Blütezeit ist von November bis Februar.

Standort: Hell oder halbschattig, jedoch ohne direkte Sonne bei etwa 20°C. Nach der Blüte etwas kühler bei 16°C stellen.

Wasserbedarf: Gleichmäßig feucht halten. Im Winter sparsamer wässern. Staunässe vermeiden.

Düngen: Juni bis Oktober mäßig; danach schwach düngen.

Probleme: Spinnmilben, Schild- und Wollläuse, Weiße Fliege, Thripse.

Umtopfen: Wenn nötig im Mai mit Wachstumsbeginn.

Besonderheiten: Erst wenn die Pflanze acht Wochen lang höchstens elf Stunden Licht bekommen hat, sind Blütenbildung und das Einfärben der Hochblätter möglich. Stülpen Sie ab Anfang Oktober täglich nach zehn bis elf Stunden Licht einen lichtdichten Karton über die Pflanze, bis sich die Hochblätter zu färben beginnen. In dieser Phase sind Temperaturen um 18°C günstig.

Achtung: Der Milchsaft kann zu Hautreizungen führen. Der Weihnachtsstern gilt nach neuesten Untersuchungen nicht als giftig.

Prärieenzian, Glockenenzian

Eustoma grandiflorum

mittel

Aussehen: Der Prärieenzian wird im Sommer übervoll mit enzianähnlichen Blüten in Weiß, Rosa, Rot, Violett oder Blau angeboten. Es gibt gefüllt und ungefüllt blühende Sorten. Die zweijährige Pflanze wird 15 bis 30 cm hoch und stirbt nach der Blüte ab.

Standort: Sonnig und hell, auch auf Balkon oder Terrasse, jedoch nicht in der prallen Sonne. Im Winter möglichst bei etwa 10°C halten.

Wasserbedarf: Vorsichtig wässern, besser etwas zu trocken halten als zu feucht. In den Wintermonaten darf nur wenig gegossen werden.

Düngen: Wenig, im Winter überhaupt nicht düngen.

Probleme: Thripse, Weiße Fliege

Umtopfen: Lohnt sich nicht, in der Regel werden die Pflanzen nach der Blüte weggeworfen. Falls Sie dennoch versuchen wollen, die Pflanze noch einmal zum Blühen zu bringen, dann topfen Sie sie im Frühjahr in schwach saure und dränierte Blumenerde um.

Blaues Lieschen

Exacum affine

mittel

Aussehen: Die Pflanzen werden 10 bis 20 cm hoch. Ihre Blüten erscheinen in Weiß oder Blauviolett, von Mai bis September. Es gibt auch eine Sorte mit gelb gerandeten Blättern ('Gold').

Standort: Hell bis halbschattig, luftig, keine direkte Sonne. Im Sommer können die Pflanzen auch im Freien stehen. Ideal sind Temperaturen von 15 bis 22°C.

Wasserbedarf: Mäßig gießen. Staunässe und Ballentrockenheit werden nicht vertragen. Verwenden Sie zum Gießen möglichst abgestandenes, weiches Wasser.

Düngen: Geringer bis mäßiger Nährstoffbedarf.

Probleme: Weiße Fliege, Blatt- und Schildläuse.

Umtopfen: Das Blaue Lieschen ist eine zweijährige Pflanze, zu einer zweiten Blüte kommt es nicht. Die Überwinterung (schwierig) lohnt allenfalls, wenn Sie die Pflanze zur Stecklingsvermehrung nutzen wollen.

Gardenie

Gardenia augusta

schwer

Aussehen: Gardenien haben glänzend dunkelgrüne Blätter und ähneln Kamelien. Sie werden 40 bis 140 cm hoch und breit. Die stark duftenden, weißen, gefüllten Blüten erscheinen von Juli bis Oktober. Im Verblühen wechseln die Blüten die Farbe von Weiß über Elfenbeinfarben ins Gelbliche.

Standort: Hell oder halbschattig. Hohe Luftfeuchtigkeit nötig. Im Sommer kann die Pflanze auch im Freien, an einem geschützten Platz stehen. Im Winter darf die Temperatur nicht unter 15°C, im Sommer nicht unter 20 bis 22°C fallen.

Wasserbedarf: Auf gleichmäßige Bodenfeuchte achten und nur weiches, zimmerwarmes Wasser bzw. Regenwasser verwenden. Staunässe wird ebenso wenig vertragen wie Ballentrockenheit. Regelmäßig besprühen, dabei die Blüten abdecken.

Düngen: In der Wachstumsphase mäßig, von September bis Februar schwach düngen; Rhododendron-Dünger verwenden.

Probleme: Lichtmangel, zu hohe Temperaturen, Nässe oder Trockenheit führen zu Knospenfall, Eisenmangel zu Blattaufhellungen (Chlorose); Blattläuse, Schildläuse.

Umtopfen: Wenn nötig im Februar/März, in schwach saure Erde (Rhododendron-Erde).

Hibiskus, Roseneibisch

Hibiscus rosa-sinensis

mittel

Aussehen: Der Hibiskus hat bis 10 cm große, trichterförmigen Blüten in Weiß, Gelb, Rot, Orange oder Rosa. Er blüht von Februar bis Oktober, wenn die Temperatur über 15°C liegt, auch ganzjährig. Es gibt gefüllte und ungefüllte Sorten, mit verschiedenfarbigem Schlund oder mit gefransten Blütenblättern. Die im Handel angebotenen Pflanzen sind meist mit Hemmstoffen behandelt, sie verlieren nach dem Umtopfen in neues Substrat ihren kompakten Wuchs und werden dann 1 bis 2,50 m hoch.

Standort: Sonnig, hohe Luftfeuchtigkeit; im Winter so hell wie möglich und bei mindestens 10°C.

Wasserbedarf: Reichlich und regelmäßig gießen, den Ballen nie austrocknen lassen. Öfter besprühen, dabei die Blüten aussparen. Von Oktober bis Februar ist der Wasserbedarf niedriger, aber den Wurzelballen trotzdem nie austrocknen lassen.

Düngen: Von März bis September stark, in den übrigen Monaten schwach düngen.

Probleme: Knospenfall bei Standortwechsel sowie durch Drehen des Topfes, Ballentrockenheit, Licht- oder Nährstoffmangel oder plötzlichen Temperaturschwankungen; Blattläuse, Spinnmilben, Weiße Fliege.

Umtopfen: Wenn nötig im Februar.

Ritterstern, Amaryllis

Hippeastrum-Cultivars

! mittel

Aussehen: Riemenförmige Blätter; riesige Blüten in Weiß, Orange, Rosa oder Rot, von Dezember bis April.

Standort: Mit dem Beginn des Blütenschaft-Wachstums braucht die Pflanze Temperaturen zwischen 20 und 22°C sowie einen hellen Platz. Sobald er blüht, wird der Ritterstern etwas kühler gestellt. Nach der Blüte hell und sonnig bei ca. 20°C pflegen, im Sommer auch im Freien. Wenn die Blätter eingezogen sind, wird die Zwiebel trocken bei 12 bis 15°C gelagert.

Wasserbedarf: Während des Austriebs nur gering, wenn der Blütenschaft 20 bis 30 cm hoch gewachsen ist, mehr gießen. Insgesamt nur mäßig feucht halten. Ab September nicht mehr gießen.

Düngen: Mäßig nach der Blüte bis etwa August. Während der Ruhephase nicht düngen.

Pflege: Abgeblühte Blütenstände abschneiden.

Probleme: Thripse, Wollläuse; Roter Brenner (Pilzerkrankung)

Umtopfen: Wenn nötig die Zwiebel im Dezember oder früher zum Antreiben neu eintopfen; so tief einsetzen, dass die Hälfte der Zwiebel oben herausschaut. Leicht angießen, wärmer stellen (blüht nach etwa acht Wochen).

Achtung: Rittersterne enthalten stark giftige Substanzen.

Fleischige Wachsblume

Hoya carnosa

leicht

Aussehen: Die Fleischige Wachsblume mit auffälligen rosafarbenen „Blütenkugeln" entwickelt meterlange Triebe mit immergrünen Blättern in Grün, Weißgrün oder Gelbgrün, die am Topfspalier entlanggeführt werden.

Standort: Heller bis sehr heller Platz, aber keine pralle Sonne. Von März bis Oktober bei 18 bis 20°C halten, in den übrigen Monaten bei etwa 15°C.

Wasserbedarf: Auf gleichmäßige Bodenfeuchte achten. Keine Staunässe und keine Ballentrockenheit. Ab Oktober sparsamer gießen. Öfter besprühen, Blüten dabei aussparen.

Düngen: In der Wachstumsphase gering bis mäßig, von Oktober bis Februar nicht düngen.

Probleme: Wenn man die Pflanze umstellt, wirft sie die Knospen ab.

Besonderheiten: Blütentragende Triebe werden nach dem Abwerfen der Blüten nicht weggenommen, da sich hier wieder neue Blüten bilden.

Umtopfen: Wenn nötig im Februar/März.

Weitere Art: Die Zwerg-Wachsblume *(H. bella)* ist weniger wuchsfreudig, aber anspruchsvoller. Man pflegt sie am besten in einer Ampel, im Winter bei etwa 18°C, im Sommer bis 23°C. Sie blüht von Mai bis Oktober in Weiß oder Rosa.

Ball-Hortensie

Hydrangea macrophylla in Sorten

mittel

Aussehen: Die weißen, rosafarbenen, violetten oder blauen Blüten erscheinen von Februar bis Juli. Die angebotenen Hortensien sind meist mit Hemmstoffen behandelt und werden später 1 bis 1,50 m hoch.

Standort: Sonniger bis halbschattiger Platz, keine pralle Sonne. Von Februar bis Oktober 18 bis 20°C, im Winter nicht über 10°C. Hortensien sollten im Sommer am besten im Freien stehen. Nach dem Laubfall sollte die Pflanze für mindestens acht Wochen dunkel bei etwa 5°C stehen, dies ist wichtig für die Blütenentwicklung.

Wasserbedarf: Auf gleichmäßige Bodenfeuchte achten. Abgestandenes, weiches Wasser verwenden. In der Ruhezeit gerade so viel gießen, dass der Ballen nicht austrocknet.

Düngen: Mäßig mit Rhododendron-Dünger, während der Blüte wöchentlich, von November bis Februar nicht düngen.

Pflege: Ein Rückschnitt direkt nach dem Abblühen ist empfehlenswert. Schneidet man zu spät zurück, verhindert das die Knospenanlage. Violette oder rosafarbene Sorten brauchen, um ins Reinblaue umzufärben, einen gleichmäßig sauren Boden (Rhododendron-Erde) und aluminiumhaltigen Dünger.

Umtopfen: Wenn nötig nach der Blüte.

Edellieschen

Impatiens-Neu-Guinea-Gruppe

leicht

Aussehen: Das Edellieschen wird 20 bis 40 cm hoch und hat dunkelgrünes Laub. Es gibt Sorten mit weißen, roten, violetten, orange- oder rosafarbenen Blüten. Blütezeit ist von Mai bis September.

Standort: Sonnig bis halbschattig, keine pralle Sonne. Im Winter hell bei mindestens 16°C. Im Sommer ist es vor allem für Kästen und Töpfe im Freien geeignet, dann ist ein Regenschutz bei längeren Regenperioden empfehlenswert.

Wasserbedarf: Gleichmäßig feucht halten, nicht austrocknen lassen. Staunässe und Ballentrockenheit werden nicht vertragen. Zu feucht kultivierte *Impatiens* bekommen unnatürlich dicke und mastige Triebe.

Düngen: In der Wachstumsphase mäßig, im Winter sehr schwach düngen.

Probleme: Blattläuse, Blütenthripse; Grauschimmel.

Umtopfen: Wenn nötig im Frühjahr.

Weitere Art: Das Fleißige Lieschen *(I. walleriana)* erfreut sich großer Beliebtheit und blüht unermüdlich in Beeten und Balkonkästen.Diese Art kommt auch noch im Halbschatten gut zurecht und braucht im Winter nur 12°C. Zu viel Wärme lässt es unansehnlich werden.

Ixore

Ixora coccinea

schwer

Aussehen: Die Blüten und auch die glänzenden Blätter sind sehr attraktiv. Die Blüten erscheinen von Mai bis September in Gelb, Orange, Rosa oder Rot. Der buschige immergrüne Strauch behält seinen kompakten Wuchs von 20 bis 40 cm Höhe nur durch regelmäßigen Schnitt.

Standort: Hell, pralle Sonne wird nicht vertragen. Eine hohe Luftfeuchtigkeit ist für die Kultur wichtig. Zimmertemperaturen sind ideal, von November bis Februar sollten Ixoren etwas kühler, bei 14 bis 16°C, stehen.

Wasserbedarf: Mäßig mit weichem, abgestandenem Wasser. Ballentrockenheit und Staunässe vermeiden. Blätter öfter besprühen. In den Wintermonaten weniger gießen, aber nie austrocknen lassen.

Düngen: In der Wachstumsphase gering bis mäßig, von November bis Februar schwach bis selten düngen.

Probleme: Bei zu viel Sonne und trockener Luft rollen sich die Blätter ein, Blütenfall tritt bei Standortwechsel auf; Schildläuse, Spinnmilben.

Umtopfen: Wenn nötig im Februar/März in humoses Substrat mit pH-Wert um 5,5.

Zimmer-Jasmin

Jasminum polyanthum

leicht

Aussehen: Zimmer-Jasmin ist eine immergrüne, schnell wachsende Kletterpflanze, die je nach Kletterhilfe bis zu 2 m und höher werden kann. Die Rankhilfe muss sehr stabil sein. Die kleinen weißen oder rosafarbenen Blüten erscheinen zwischen März und Mai, zum Teil auch ab Januar; sie duften vor allem abends.

Standort: Sonnig, pralle Mittagssonne wird nicht vertragen. Im Winter sollte die Pflanze hell bei 5 bis 10°C stehen.

Wasserbedarf: Viel gießen. Keine Staunässe. In den Wintermonaten weniger gießen, aber nie ganz austrocknen lassen.

Pflege: Die Pflanzen vertragen auch einen kräftigen Rückschnitt.

Düngen: In der Wachstumsphase stark, ab September nur noch schwach und während der Winterzeit gar nicht düngen.

Probleme: Blattläuse bei zu warmer Überwinterung; Weiße Fliege.

Umtopfen: Wenn nötig im Februar/März.

Weitere Art: Primel-Jasmin *(Jasminum mesnyi)* blüht ab den Frühjahrsmonaten in Gelb.

Zimmerhopfen

Justicia brandegeana

leicht

Aussehen: Die hopfenartigen Blütenstände gaben der Pflanze ihren Namen. Die eigentlichen Blüten sind weiß und nur kurz haltbar, die braunroten Hochblätter schmücken die Pflanze über mehrere Monate zwischen Januar und Dezember. Sie erreichen eine Höhe von 60 cm. Die Pflanzen verlieren mit der Zeit ihren kompakten Wuchs. Ein Rückschnitt hilft.

Standort: Sonnig bis halbschattig, so hell wie möglich, jedoch keine pralle Sonne, Zimmertemperaturen sind ideal. Im Winter möglichst bei etwa 15°C pflegen. Ist es zu warm, verliert er die Blätter.

Wasserbedarf: Von März bis September regelmäßig und gleichmäßig gießen. Staunässe wird nicht vertragen. Eher trocken halten, sonst werden die Blätter abgeworfen.

Düngen: Von März bis September mäßig, von Oktober bis Februar schwach düngen.

Probleme: Blattläuse, Weiße Fliege, Rote Spinne.

Umtopfen: Wenn nötig im Frühjahr. Man kann den Zimmerhopfen vorher bei Bedarf bis zur Hälfte zurückschneiden.

Jakobinie

Justicia rizzinii
(syn. *Jacobinia pauciflora)*

leicht

Aussehen: Sie wächst aufrecht buschig, wird 30 bis 50 cm hoch und blüht von November bis März in zahlreichen röhrenförmigen, roten Einzelblüten mit gelben Spitzen. Im Handel angebotene Pflanzen sind oft mit Hemmstoffen behandelt und verlieren daher auf der Fensterbank ihren kompakten Wuchs.

Standort: Hell und sonnig. Von Oktober bis Februar sollte die Temperatur 12°C nicht übersteigen.

Wasserbedarf: Auf gleichmäßige Bodenfeuchte achten, den Ballen nie ganz austrocknen lassen.

Düngen: In der Wachstumsphase mäßig, von September bis Februar alle sechs Wochen düngen.

Pflege: Bei Verkahlung zurückschneiden. Nach Mitte Juni nicht mehr schneiden, sonst entfernt man die sich bildenden Knospen.

Probleme: Blüten- und Blattfall bei zu trockenem Ballen; Blattläuse, Spinnmilben, Weiße Fliege.

Umtopfen: Wenn nötig im Februar/März.

Weitere Art: *Justicia carnea* bildet von April bis September am Ende jedes Triebes einen ährenförmigen Blütenstand mit röhrenförmigen gelben, orange- oder rosafarbenen Einzelblüten. Die Pflanze sollte nach der Blüte zurückgeschnitten werden, sonst verkahlt sie.

Flammendes Käthchen

Kalanchoë blossfeldiana

leicht

Aussehen: Dunkelgrüne, glänzende Blätter, Höhe bis 30 cm. Die Blüten sind weiß, gelb, orange, rosa oder rot und erscheinen das ganze Jahr über.

Standort: Sehr hell, aber keine pralle Mittagssonne. Während der Kurztagsbehandlung sind Temperaturen um 18°C für ein gutes Blühergebnis wichtig. Ab Oktober kühler, aber nicht unter 15°C pflegen.

Wasserbedarf: Mäßig gießen, bei Staunässe gehen die Pflanzen ein. Der Ballen darf nicht austrocknen. Ab Oktober weniger gießen.

Düngen: In der Wachstumsphase mäßig, ab Oktober bis zur Blüte schwach düngen.

Probleme: Durch zu viel Nässe faulen Wurzeln und Triebe.

Umtopfen: Wenn nötig im Frühling.

Besonderheiten: Verblühte Blütenstände entfernen, dann folgt meist noch eine zweite, schwächere Blüte. Das Flammende Käthchen ist eine Kurztagspflanze. Sie darf fünf bis sechs Wochen lang nur neun Stunden Licht pro Tag bekommen, um zur Blüte zu kommen. Schon eine normale Glühbirne während der Dunkelphase reicht aus, die Blütenanlage zu verhindern. Stülpen Sie daher im Herbst einen Karton über die Pflanze. Die natürliche Blütezeit liegt im Winter und Frühjahr.

Dipladenie

Mandevilla sanderi

mittel

Aussehen: Die Dipladenie braucht als Schlingpflanze ein stabiles Topfspalier, an dem sie bis zu 3 m hoch werden kann. Die Pflanzen verlieren mit der Zeit ihren kompakten Wuchs und werden sparrig. Die Blüten erscheinen von Mai bis Oktober. Bekannt sind die Sorten 'Dark' in Rosarot und 'Rubiniana' in Rosa.

Standort: Hell, aber keine pralle Sonne, im Halbschatten nur schwacher Blütenansatz. Temperatur im Winter 15 bis 18°C.

Wasserbedarf: Viel gießen, öfter besprühen. Verwenden Sie weiches, zimmerwarmes Wasser. Keine Staunässe oder Ballentrockenheit. Von November bis Februar weniger gießen.

Düngen: In der Wachstumsphase mäßig, von Oktober bis Februar nur ein- oder zweimal düngen.

Pflege: Damit die Dipladenie nicht sparrig wird, sollten zu lange Triebe gestutzt werden.

Probleme: Blattrollen bei zu trockener Luft; Blatt-, Schild- oder Wollläuse, Spinnmilben.

Umtopfen: Wenn nötig im Februar/März in durchlässige Erde.

Achtung: Der Milchsaft der Pflanzen ist giftig und kann Hautreizungen hervorrufen.

Medinille

Medinilla magnifica

schwer

Aussehen: Die Medinille braucht viel Platz und wird bis zu 80 cm hoch. Die großen Blätter stehen zu zweit und sind glänzend dunkelgrün. Die auffälligen rosafarbenen, hängenden Blütenstände erscheinen von April bis Juli.

Standort: Hell, ohne direkte Sonne, hohe Luftfeuchtigkeit, bei Zimmertemperatur oder wärmer. Verträgt keine „kalten Füße". Optimal ist ein geschlossenes Blumenfenster. Damit die Blüten angelegt werden, muss man im Winter eine Ruhezeit von zwei bis drei Monaten bei etwa 16°C einhalten.

Wasserbedarf: Gleichmäßig feucht halten. Nur weiches, abgestandenes Wasser verwenden. Öfter besprühen, dabei Blüten aussparen. Staunässe und Ballentrockenheit werden nicht vertragen. In der Ruhezeit weniger gießen. Sobald sich Blütenknospen zeigen, wieder stärker wässern.

Düngen: Mäßig bis viel, in der Ruhezeit nicht düngen.

Pflege: Rückschnitt, auch ein kräftiger, wird vertragen.

Probleme: Schildläuse, trockene Luft.

Umtopfen: Wenn nötig nach der Blüte in humose, lockere, sauere Erde mit einem pH-Wert von etwa 5,5.

Korallenmoos

Nertera granadensis

mittel

Aussehen: Korallenmoos, auch Korallenbeere genannt, wird 5 bis 10 cm hoch und wächst mit bis zu 20 cm langen Trieben schön über den Topfrand hinaus. Die weißen, sternförmigen Blüten erscheinen im Frühjahr, sind aber im Vergleich zum Fruchtschmuck unscheinbar. Die Beeren sind zuerst weiß und färben sich dann über Gelb in Orange um. Sie erscheinen von Juni bis September.

Standort: Hell, auch halbschattig, keine pralle Sonne. Im Sommer bei normaler Zimmertemperatur pflegen, in der Ruhezeit von Oktober bis Februar sollte das Korallenmoos kühler bei 8 bis 10°C stehen.

Wasserbedarf: Gleichmäßig feucht halten. Weiches, kalkfreies Wasser verwenden. Keine Ballentrockenheit oder Staunässe.

Düngen: Wenig, von Oktober bis Februar nicht düngen.

Probleme: Blattläuse.

Umtopfen: Wenn nötig, nachdem die Beeren abgeworfen wurden, meist im Spätsommer oder Februar/März. Heidekraut-Erde verwenden.

Achtung: Die Pflanze enthält giftige Substanzen.

Passionsblume

Passiflora caerulea

mittel

Aussehen: Die Passionsblume ist eine wunderschöne Kletterpflanze für Topfspaliere. Sie wird je nach Kletterhilfe bis zu 2 m hoch und trägt von Juni bis September weiße Blüten mit einem blauen Fadenkranz.

Standort: Sonniger, heller und warmer Platz. Keine oder nur wenige Blüten bei kühlem und regnerischem Wetter. Ende September stellt man die Pflanzen ins kühle, luftige Winterlager am besten bei 6 bis 8°C, auf jeden Fall unter 12°C.

Wasserbedarf: Mäßiger Wasserbedarf, in der Ruheperiode nur leicht feucht halten.

Düngen: In der Wachstumsphase mäßig, von Oktober bis Februar nicht düngen.

Probleme: Teilweiser Blattfall im Winter ist möglich und normal; Wollläuse bei zu warmer Überwinterung, Spinnmilben bei Zugluft.

Umtopfen: Wenn nötig im Frühjahr in kräftige, lehmige Erde. Keine zu großen Töpfe verwenden.

Weitere Arten: Die gelbe Zitronen-Passionsblume *(P. citrina)*, die Violette Passionsblume *(P. violacea)* und die rot blühende Weinlaubblättrige Passionsblume *(P. vitifolia)*.

Edel-Pelargonie

Pelargonium grandiflorum

leicht

Aussehen: Edel-Pelargonien werden 30 bis 40 cm hoch und sind Verwandte der bekannten Balkon-Pelargonien *(P. peltatum, P. zonale)*. Sie sind etwas empfindlicher, blühen aber ebenso üppig und haben oft größere Blüten. Die weißen, rosafarbenen, roten oder violetten Blüten erscheinen von April bis Juni. Es gibt auch zweifarbige Sorten in Ton-in-Ton-Farben.

Standort: Sonnig bis hell, luftig, aber keine Zugluft. Von Oktober bis Februar kühler bei 10 bis 15°C pflegen. Diese niedrigen Temperaturen sind für die Blütenanlage wichtig, bei hohen Temperaturen setzen die Pflanzen keine Blüten an.

Wasserbedarf: Mäßig, aber regelmäßig mit weichem, abgestandenem Wasser gießen. Staunässe, Nässe und Ballentrockenheit werden nicht vertragen. In der Ruhezeit sparsamer wässern.

Düngen: In der Wachstumsphase mäßig, von September bis Februar nicht düngen.

Pflege: Nach der Blüte in Form schneiden.

Probleme: Blattläuse, Weiße Fliege, Echter Mehltau, Grauschimmel.

Umtopfen: Wenn nötig im Februar/März.

Pentas

Pentas lanceolata

mittel

Aussehen: Pentas wächst buschig und wird 20 bis 30 cm hoch. Die Blüten erscheinen das ganze Jahr über in Dolden und sind weiß, rosa, rot oder violett.

Standort: Heller, warmer, luftiger und luftfeuchter Platz ohne direkte Sonne. Keine Zugluft. Im Sommer auch im Freien. Im Winter nicht kühler als 15°C stellen.

Wasserbedarf: Kalkarmes Gießwasser (Regenwasser) verwenden. Erde gleichmäßig feucht halten, Ballentrockenheit vermeiden. Öfter besprühen, Blüten dabei aussparen. Im Winter sparsamer gießen, aber nie austrocknen lassen.

Düngen: In der Wachstumsperiode niedriger Nährstoffbedarf; von Oktober bis Februar nur alle sechs Wochen düngen; möglichst sauer wirkende Dünger verwenden.

Pflege: Schneiden Sie die Triebe vor dem Erscheinen der Blütenknospen immer wieder zurück, dadurch erreichen Sie einen kompakten Wuchs. Neuere Sorten werden auch ohne Hemmstoffbehandlung angeboten. Abgeblühte Blütenstände regelmäßig entfernen.

Probleme: Bei zu dunklem Stand bilden sich lange Triebe.

Umtopfen: Wenn nötig im Februar/März.

Cinerarie, Aschenblume

Pericallis × hybrida

leicht

Aussehen: Cinerarien blühen nur für einige Wochen, dafür aber umso üppiger. Die margaritenähnlichen Blüten erscheinen etwa von Januar bis April in Weiß, Rosa, Rot, Violett oder Blau. Es gibt auch zweifarbige Sorten. Eine Weiterkultur nach der Blüte lohnt sich nicht, da die Pflanzen nicht wieder blühen.

Standort: Hell, halbschattig, luftig, im Sommer kann *Pericallis* auch auf Balkon oder Terrasse stehen. Die Temperaturen sollten höchstens zwischen 6 bis 18°C liegen, bei niedrigeren Temperaturen (8 bis 10°C) halten die Blüten etwas länger. Zugluft ist zu vermeiden.

Wasserbedarf: Hoher Wasserbedarf, immer gut feucht halten. Trockenheit wird nicht vertragen!

Düngen: Wegen der kurzen Pflegezeit wird gar nicht oder nur schwach gedüngt.

Probleme: *Pericallis* wird gerne von Blattläusen befallen, was der Pflanze auch den Namen „Läuseblume“ einbrachte. Grauschimmel entsteht auf abgestorbenen Blättern und Blüten, Mehltau bei zu hoher Luftfeuchtigkeit.

Becher-Primel

Primula obconica

leicht

Aussehen: Der rosettenförmige Wuchs dieser Primel-Art wird auch während der Blütezeit im Zimmer beibehalten. Becher-Primeln werden 20 bis 30 cm hoch. Sie werden meist von Dezember bis April angeboten und können das ganze Jahr weiße, rosafarbene, rote, violette oder blaue Blüten bilden.

Standort: Heller Platz ohne direkte Sonne; im Sommer auch im Freien, vor den ersten Frösten aber ins Haus holen. Im Winter hell stellen, bei Temperaturen um 15°C.

Wasserbedarf: Auf gleichmäßige Bodenfeuchte achten, Ballentrockenheit und Staunässe vermeiden, im Winter sparsamer gießen.

Düngen: In der Wachstumsphase schwach bis mäßig düngen, von November bis Februar wird höchstens einmal gedüngt.

Probleme: Bei zu nasser oder kalter Pflege werden die Blätter gelb; Grauschimmel bildet sich bevorzugt im Winter.

Umtopfen: Wenn nötig nach der Blüte.

Achtung: Enthält giftige Substanzen (Primin), die Hautreizungen hervorrufen können. Neuere Sorten, zum Beispiel 'Touch me', sollen priminarm sein.

Zimmer-Azalee

Rhododendron simsii

mittel

Aussehen: Gefüllte und ungefüllte Blüten in fast allen Farben (außer blau), sogar mehrfarbig, von Oktober bis April. Azaleen können 30 bis 60 cm, in großen Kübeln bis 1,50 m groß werden.

Standort: Hell oder halbschattig, luftfeucht, nicht zu warm; im Sommer auch halbschattig im Freien. Ab Oktober ins Haus holen, kühl (5 bis 10°C). Wenn sich die Blütenknospen öffnen, wieder wärmer (maximal 18°C) stellen.

Wasserbedarf: Weiches, abgestandenes Wasser verwenden. Wasserbedarf ist hoch, immer feucht halten. Staunässe wird nicht toleriert. Öfter besprühen, Blüten dabei schützen.

Düngen: Rhododendron-Dünger verwenden. Nach der Blüte bis August in der Wachstumsphase mäßig, in der übrigen Zeit nur alle vier bis sechs Wochen düngen.

Pflege: Verwelktes regelmäßig entfernen. Schneiden Sie lange Triebe nach der Blüte zurück, damit die Pflanze schön buschig bleibt.

Probleme: Bei Ballentrockenheit oder zu viel Wärme werden Knospen und Blüten abgeworfen, bei Staunässe entsteht Fäulnis an Stängel und Wurzel; Blattläuse, Spinnmilben, Weiße Fliege.

Umtopfen: Wenn nötig nach der Blüte in Rhododendron-Erde.

Topf-Rose

Rosa-Cultivars

mittel

Aussehen: Topf-Rosen haben dunkelgrünes, glänzendes Laub und gefüllte oder ungefüllte Blüten in Weiß, Rosa, Gelb, Orange, Rot oder Violett, auch mehrfarbig. Sie werden ganzjährig blühend angeboten und erreichen eine Größe von 15 bis zu 40 cm.

Standort: Hell, aber keine pralle Sonne. Stehende Luft ist ungünstig. Während der warmen Monate können Topf-Rosen auch draußen stehen. Wenn Sie versuchen wollen, die Pflanzen zu überwintern: kühl und hell bei etwa 5°C.

Wasserbedarf: Auf gleichmäßige Bodenfeuchte achten. Keine Ballentrockenheit oder Staunässe. Gießen Sie immer über den Untersetzer. Wasser, das nach zehn Minuten noch nicht aufgesogen wurde, muss aus dem Untersetzer entfernt werden, sonst kann es zu Wurzelschäden kommen. Von November bis Februar trockener halten.

Düngen: In der Wachstumsphase mäßig, von September bis Februar nicht düngen.

Pflege: Verblühtes regelmäßig entfernen.

Probleme: Blattläuse, Spinnmilben, Weiße Fliege, Echter Mehltau.

Umtopfen: Wenn nötig im Februar/März.

Usambaraveilchen

Saintpaulia ionantha

leicht

Aussehen: Das Usambaraveilchen hat weich behaarte, dunkelgrüne Blätter und wird 5 bis 20 cm hoch. Die Farbpalette der Blüten reicht von Weiß über Rosa, Rot, Violett bis hin zu Violettblau. Es gibt auch mehrfarbige, groß- und kleinblättrige sowie gefüllt blühende Typen. Sie werden ganzjährig blühend angeboten.

Standort: Heller bis halbschattiger Platz ohne pralle Sonne. Temperaturen unter 18°C und plötzliche Temperaturschwankungen sollte man vermeiden.

Wasserbedarf: Mäßig, aber regelmäßig gießen, der Ballen darf aber nicht vernässen. Herz oder Blätter dürfen nicht begossen oder besprüht werden. Temperiertes und weiches Wasser verwenden.

Düngen: In der Blütezeit und in der Wachstumsphase mäßig, danach schwach düngen.

Pflege: Welke Blätter oder Blüten regelmäßig vorsichtig herausziehen, nicht abschneiden.

Probleme: Bei zu nasser Pflege entsteht Fäulnis, bei sonnigem Stand oder Benetzung der Blätter mit Wasser kommt es zu Blattflecken; Weichhautmilben, Blattläuse, Blütenthripse.

Umtopfen: Wenn nötig im Frühjahr oder Sommer in saures Substrat (pH-Wert 5,5–6,5).

Spaltblume, Bauernorchidee

Schizanthus × wisetonensis

leicht

Aussehen: Die Spaltblume ist einjährig und stirbt nach der Blüte ab. Der kompakte Wuchs mit einer Höhe von 20 bis 30 cm wird meist durch die Behandlung mit Hemmstoffen erreicht und verliert sich dann auf der Fensterbank. Die Spaltblume hat weiße, gelbe, rosafarbene, rote oder violette Blüten, die von April bis Oktober erscheinen. Es gibt auch Sorten mit gefleckten oder geaderten Blüten.

Standort: Sonnig oder hell bei maximal 15°C. In den warmen Monaten kann man sie auch an einen geschützten Platz im Freien stellen.

Wasserbedarf: Achten Sie auf gleichmäßige Bodenfeuchtigkeit. Ballentrockenheit und Staunässe müssen vermieden werden. Die Blätter sollten beim Wässern keinesfalls benetzt werden.

Düngen: Mäßiger bis hoher Nährstoffbedarf.

Pflege: Wenn man die Pflanze nach der Blüte zurückschneidet, kommt es zur Nachblüte. Verblühtes wird regelmäßig entfernt.

Probleme: Nasse Blätter können zu Fäulnis führen; Weiße Fliege; Grauschimmel.

Gloxinie

Sinningia-Cultivars

mittel

Aussehen: Blätter rosettenförmig angeordnet, dunkelgrün. Blühende Pflanzen werden von Februar bis Oktober angeboten. Die samtigen Blüten sind weiß, rosa, rot oder violett. Es gibt auch mehrfarbige und gefüllte Sorten.

Standort: Hell, halbschattig und luftfeucht, keine Zugluft. Temperaturen von 18 bis 24°C sind optimal.

Wasserbedarf: Vom Austrieb bis zum Verblühen gleichmäßig gießen. Kalkarmes, zimmerwarmes Wasser verwenden. Nach der Blüte Wassergaben reduzieren und schließlich ganz einstellen.

Düngen: Während der Knospen- und Blütezeit mäßig, danach nicht mehr düngen.

Pflege: Nach der Blüte zieht die Pflanze ein. Nach dem vollständigen Einziehen werden die Knollen aus der Erde genommen und bei etwa 15°C trocken überwintert. Mit beginnendem Neuaustrieb werden sie geputzt und getopft. Sparsam angießen und 18 bis 20°C warm stellen. Nur ein bis zwei Neutriebe stehen lassen, die restlichen ausknipsen.

Probleme: Flecken auf den Blättern und Blüten durch Besprühen; Stängelfäule durch zu kaltes Gießwasser und nasse Erde; Blütenthripse, Blattläuse.

Korallenstrauch

Solanum pseudocapsicum

! mittel

Aussehen: Die weißen Blüten des Korallenstrauchs sind unscheinbar. Die gelben, orangefarbenen oder roten Früchte dagegen zieren die Pflanze von Juli bis Dezember. Die Wuchshöhe beträgt 20 bis 30 cm. Im Angebot sind auch schöne Sorten mit weißbunten Blättern.

Standort: Sonniger, heller Platz. Für einen guten Fruchtansatz sollten Sie die Pflanze im Sommer am besten an einen Platz im Freien stellen. In den Wintermonaten bei 6 bis 8°C an einem hellen Platz pflegen, so hält der Fruchtschmuck länger als bei Zimmertemperatur.

Wasserbedarf: Hoch, in der Ruhezeit von November bis Februar nur leicht feucht halten. Ballentrockenheit jedoch vermeiden.

Düngen: Hoher Nährstoffbedarf, ab Herbst die Düngung einstellen.

Pflege: Ein Neutrieb wird angeregt, wenn die Pflanzen zurückgeschnitten, ab Februar umgetopft und wärmer gestellt werden.

Probleme: Blattläuse, Weiße Fliege, Spinnmilben.

Umtopfen: Wenn nötig im Frühjahr in kräftige, lehmhaltige Blumenerde.

Achtung: Der Korallenstrauch enthält giftige Substanzen.

Einblatt

Spathiphyllum-Arten und -Hybriden

! leicht

Aussehen: Die hoch über den Blättern stehenden, von einem strahlend weißen Hüllblatt umgebenen Blütenkolben werden bis zu 80 cm hoch. Die dunkelgrünen Blätter erreichen eine Höhe von 40 bis 60 cm. Die normale Blütezeit beginnt im März und dauert bis zum September, das Einblatt wird aber meist ganzjährig blühend angeboten.

Standort: Halbschattig, schattig, bei hoher Luftfeuchtigkeit aufstellen. Direkte Sonne unbedingt vermeiden. Das Einblatt braucht das ganze Jahr Zimmertemperaturen, auch im Winter nicht unter 16°C.

Wasserbedarf: Mäßig, aber regelmäßig mit möglichst weichem Wasser gießen. Keine Ballentrockenheit oder Staunässe. Öfter besprühen.

Düngen: Mäßig, von November bis Februar sehr schwach düngen.

Probleme: Braune Blattspitzen durch zu viel Dünger; Schildläuse.

Umtopfen: Wenn nötig im Februar/März in humusreiches Substrat mit pH-Wert um 5,5.

Achtung: Pflanze enthält giftige Substanzen, die auf der Haut zu Brennen und Entzündungen führen. Bei innerer Aufnahme kommt es zum Anschwellen der Schleimhäute sowie zu Magen- und Darmbeschwerden mit Krämpfen.

Kranzschlinge

Stephanotis floribunda

mittel

Aussehen: Die Blätter dieser duftenden Zimmerpflanze sind ledrig und dunkelgrün: In den Blattachseln erscheinen von Mai bis September weiße Blüten in Dolden. Die Kranzschlinge braucht ein Topfspalier und kann je nach Kletterhilfe bis 2 m hoch werden.

Standort: Heller Platz ohne direkte Sonne. Im Sommer bei Zimmertemperaturen, im Winter bei 12 bis 15°C pflegen. Stehende Luft vermeiden, denn die Pflanze braucht viel frische Luft.

Wasserbedarf: Während des Wachstums reichlich wässern, aber Staunässe und Ballentrockenheit unbedingt vermeiden. Ab und zu mit Wasser besprühen, Blüten dabei aussparen. Im Winter sparsam gießen.

Düngen: Mäßig, ab September bis Ende Februar nicht düngen.

Probleme: Topf möglichst nicht drehen. Drehen oder Standortwechsel kann zu Blüten- und Blattabwurf führen, daher „Lichtmarke“ am Topf anbringen. Bei zu dunklem Standort lange Triebe und schwache Blüte. Im Winter bei zu warmem und trockenem Platz Blattläuse und Spinnmilben, außerdem Schildläuse.

Umtopfen: Wenn nötig zu Beginn des Austriebs im Februar/März.

Drehfrucht

Streptocarpus-Cultivars

mittel

Aussehen: Von April bis September schmückt sich die Drehfrucht mit zahlreichen gestielten, eleganten Blüten, die an Orchideenblüten erinnern. Die Blütenfarbe variiert von Weiß über Rosa bis Violett und Blau. Es gibt auch orangefarbene oder rote Sorten, mehrfarbige, großblumige und solche mit kleinen Blüten, teilweise mit schön gemustertem Schlund. Die Pflanzen werden 15 bis 25 cm hoch.

Standort: Heller oder halbschattiger, luftiger Platz ohne pralle Sonneneinstrahlung. In der Wachstumszeit sind Zimmertemperaturen (auch höher) gewünscht. Von November bis Februar bei 12 bis 14°C pflegen.

Wasserbedarf: Abgestandenes, weiches Wasser verwenden. Gleichmäßig gießen. Keine Staunässe oder Ballentrockenheit. In der Ruhephase nur sehr vorsichtig von unten wässern.

Düngen: In der Wachstumszeit geringer Nährstoffbedarf; von November bis Februar nicht düngen.

Probleme: Blattläuse, Spinnmilben, Thripse.

Umtopfen: Wenn nötig im Februar/März.

Zimmerkalla, Calla

Zantedeschia aethiopica

! schwer

Aussehen: Die Zimmerkalla hat weiße oder cremefarbene Hochblätter, die den Blütenkolben umgeben.

Standort: Sonniger bis halbschattiger Platz, pralle Mittagssonne vermeiden. Nach der Blüte muss von Mitte Mai bis Mitte Juli eine warme, trockene Ruhezeit eingehalten werden, dabei trocknen fast alle Blätter ein. Ohne Ruhezeit gibt es keine neuen Blüten! Nach acht Wochen beginnt der Neuaustrieb und die Pflanze bekommt wieder mehr Wasser. Von Oktober bis Dezember bei 8 bis 12°C pflegen, während der Blütezeit wärmer stellen.

Wasserbedarf: Viel gießen, in der Ruhezeit trockener halten.

Düngen: Hoher Nährstoffbedarf; in der Ruhezeit jedoch nicht düngen.

Probleme: Spinnmilben.

Umtopfen: Wenn nötig nach der Ruhezeit die Rhizome oder Knollen säubern und neu eintopfen.

Weitere Arten: Knollenbildende Arten (*Z. rehmannii*, *Z. elliottiana*) haben gelbe, orange, rosafarbene und purpurne Hochblätter oder schlankere Blüten. Es gibt auch Sorten mit weißgrünen oder gelbgrünen Blättern; während der Ruhephase im Winter bei 15°C trocken lagern.

Achtung: Die Pflanzen enthalten giftige Substanzen.

Cattleye

Cattleya

mittel

Aussehen: Für die Fensterbank sind die zweiblättrigen Cattleyen am besten geeignet. Ihre Blüten sind kleiner, aber zahlreicher als die der einblättrigen *Cattleya-Labiata*-Typen. Je nach Sorte werden sie 20 bis 100 cm groß. Die Blütenfarbe variiert von Weiß über Rosa bis Violett, von Gelb, Orange, Rot bis Braun. Viele haben gefleckte, gepunktete oder mehrfarbige Blüten. Ihre Hauptblütezeit ist von März bis Mai und von September bis Oktober.

Standort: Hell, von Ende Mai bis Mitte September auch im Freien. Die Tagestemperaturen sollten von Juni bis August 22°C, im September/Oktober sowie April/Mai 20°C und von November bis März etwa 18°C betragen. Wichtig: Nachtabsenkung um etwa 5°C.

Wasserbedarf: Mäßig feucht bis leicht trocken halten. Regenwasser oder entkalktes Wasser verwenden. Keine Staunässe; Wasser im Untersetzer nach 5 Minuten abgießen.

Düngen: Während der Wachstumsphase wenig, aber regelmäßig Orchideen-Dünger geben; von November bis Februar sparsamer düngen.

Probleme: Schild- und Wollläuse.

Umtopfen: Alle zwei Jahre, wenn im Frühjahr die ersten Wurzelspitzen am Neutrieb kommen in grobe Orchideen-Erde.

Cymbidie

Cymbidium

mittel

Aussehen: Lange, schmale Blätter und aufrechte oder übergeneigte Blütenstiele. Cymbidien werden je nach Sorte zwischen 20 und 150 cm hoch und blühen von November bis Februar in Weiß, Gelb, Orange, Rosa oder Rot. Es gibt reingrüne und viele mehrfarbige Züchtungen.

Standort: Hell, von Mitte Mai (nach den letzten Frösten) bis Anfang Oktober auch im Freien, was die Blühwilligkeit positiv beeinflusst. Von Mai bis Oktober liegt die optimale Temperatur tagsüber bei 20°C, im Winter müssen die Temperaturen 5 bis 10°C niedriger sein.

Wasserbedarf: Mäßig feucht bis leicht trocken pflegen. Regenwasser verwenden. Gießen Sie so viel, dass das Wasser aus dem Topf herausläuft. Keine Staunässe, daher das Wasser im Untersetzer nach fünf Minuten abgießen. Ruheperiode mit stark verringerten Wassergaben nach der Blüte einhalten, nur so viel gießen, dass die Pseudobulben nicht schrumpfen.

Düngen: Bei jedem Gießen Orchideen-Dünger geben. In der Ruhezeit, während und drei bis vier Wochen nach der Blüte, sparsamer wässern und düngen.

Probleme: Thripse, Spinnmilben.

Umtopfen: Etwa alle zwei Jahre im Frühjahr.

Coelogyne

Coelogyne cristata

mittel

Aussehen: Blätter glänzend dunkelgrün, bis 20 cm lang. Mit dem überhängenden Blütenstand werden die Pflanzen 20 bis 30 cm hoch. Die duftenden weißen Blüten sind auf der Lippe gelb gezeichnet und erscheinen von März bis Mai. Es gibt weitere attraktive Arten, die aber eher fürs Gewächshaus geeignet sind.

Standort: Hell, während der Wachstumszeit von Juni bis Oktober tagsüber bei 20°C, im Winter während der Ruheperiode bei 15°C. Nachts sollten die Temperaturen etwa 5°C niedriger liegen.

Wasserbedarf: Im Frühjahr während der Blütezeit mäßig feucht halten, häufiger gießen, wenn das neue Triebwachstum einsetzt. Ab Oktober das Gießen reduzieren und im Winter von Dezember bis Februar kein Wasser geben, sonst blühen die Pflanzen nicht. Erst wenn die Blütentriebe erscheinen, wieder vorsichtig mit dem Gießen beginnen.

Düngen: In der Wachstumsphase mäßig; während der Ruhezeit nicht düngen.

Probleme: Woll- und Schildläuse.

Umtopfen: Wenn nötig nach der Blüte im Frühjahr, bevor die neuen Blätter erscheinen.

Dendrobie

Dendrobium-nobile-Hybriden

mittel

Aussehen: Die Größe variiert von 30 bis 60 cm. Die Blüten sind weiß, gelb, orange, rosa, rot, violett, es gibt auch grüne und braune oder mehrfarbige Züchtungen mit exotischen Blütenformen. Die Blütezeit dauert von November bis März.

Standort: Hell, pralle Mittagssonne vermeiden. Von Mitte Mai bis Anfang Oktober am besten draußen im Halbschatten aufstellen. Von Mai bis Oktober tagsüber 20°C, im November und März/April 18°C und von Dezember bis Februar 15°C. Nachts sollten die Temperaturen um etwa 5 bis 8°C absinken. Die Stämmchen verlieren im zweiten Jahr häufig die Blätter. Kahle Triebe nicht abschneiden, da sie häufig über mehrere Jahre blühen und ihre Kraft an die neuen Triebe weitergeben.

Wasserbedarf: Mäßig feucht bis leicht trocken halten. Regenwasser oder entkalktes Wasser geben. Staunässe vermeiden, daher Wasser im Untersetzer nach spätestens 5 Minuten abgießen.

Düngen: Gering, aber regelmäßig mit Orchideen-Dünger. Im Herbst und Winter noch sparsamer düngen.

Probleme: Woll- und Schildläuse.

Umtopfen: Etwa alle zwei Jahre im Frühjahr.

Venusschuh, Frauenschuh

Paphiopedilum

schwer

Aussehen: Blätter hell- bis dunkelgrün, teilweise auch silbrig marmoriert und unterseits violett. Blüten weiß, gelb, rosa, violett, grün oder braun, auch mehrfarbig. Blütezeit von Oktober bis Februar. Je nach Hybride werden Frauenschuhe 20 bis 50 cm hoch.

Standort: Hell oder halbschattig. Es gibt zwei Pflegegruppen: kühl und warm-temperiert. Man kann keine allgemein gültige Kulturanleitung geben, erkundigen Sie sich beim Kauf. Die kühl zu pflegenden Paphiopedilen brauchen von März bis Oktober tagsüber 20°C, im November und Februar um 18°C. Die warm-temperiert zu pflegenden Arten wollen von April bis September tagsüber 22°C und während der übrigen Monate 20°C. Beide Gruppen brauchen eine Nachtabsenkung von je 5 bis 8°C.

Wasserbedarf: Mäßig feucht bis leicht trocken halten. Regenwasser geben (manche Arten vertragen auch etwas kalkhaltiges Leitungswasser). Keine Staunässe, Wasser im Untersetzer nach spätestens 5 Minuten abgießen. Völliges Austrocknen vermeiden.

Düngen: Wenig Orchideen-Dünger geben; im Herbst/Winter noch etwas sparsamer düngen.

Umtopfen: Etwa alle zwei Jahre im Frühjahr.

Phalaenopsis, Malaienblume

Phalaenopsis

leicht

Aussehen: Die Blütenfarbe der zahlreichen Hybriden variiert von Weiß über Rosa bis Rot und Violett, Gelb und Orange. Es gibt auch mehrfarbige, gestreifte oder gepunktete Blüten. Sie können zu jeder Jahreszeit blühen.

Standort: Hell bis halbschattig. Von April bis August sind tagsüber Temperaturen von 25°C ideal. Während der übrigen Monate reichen 22°C. Nachts sollte die Temperatur um 5 bis 8°C sinken.

Wasserbedarf: Wenn Sie gießen, lassen Sie Wasser aus dem Topf herauslaufen. Verwenden Sie weiches oder entkalktes Wasser beziehungsweise Regenwasser. Staunässe vermeiden, daher das Wasser im Untersetzer nach spätestens 5 Minuten abgießen. Völliges Austrocknen vermeiden. Hohe Luftfeuchtigkeit ist ideal.

Düngen: Gering, aber regelmäßig. Bei jedem wöchentlichen Gießen Orchideen-Dünger nach Packungsanweisung verwenden; im Herbst und Winter seltener düngen.

Probleme: Wenn die Pflanze trotz vieler Luftwurzeln locker im Topf sitzt, deutet das auf Wurzelschäden durch zu viel Wässern oder altes, verrottetes Substrat hin. Schild- und Wollläuse.

Umtopfen: Etwa alle zwei Jahre im Frühjahr.

Lanzenrosette

Aechmea fasciata

leicht

Aussehen: Lanzenrosetten werden 40 bis 50 cm hoch und haben silbriggrüne, marmorierte Blätter sowie einen rosafarbenen Blütenstand mit kleinen, blauen Blüten. Die Blütezeit beginnt im Mai und kann bis Oktober dauern. Wenn die auffälligen Blütenstände der Lanzenrosette verblühen, stirbt auch die Mutterpflanze ab.

Standort: Heller bis halbschattiger Platz. Warm, aber ohne direkte Sonneneinstrahlung. Auch im Winter und nachts sollte die Lufttemperatur bei etwa 18°C liegen.

Wasserbedarf: Verwenden Sie weiches, zimmerwarmes Wasser. Achten Sie auf gleichmäßige Bodenfeuchtigkeit. Während der Sommermonate darf Wasser im Trichter stehen. Im Winter weniger gießen.

Düngen: In der Wachstumsphase mäßig, von Oktober bis Februar schwach düngen.

Probleme: Bei trockener Luft können Spinnmilben auftreten.

Umtopfen: Wenn nötig von März bis August. Dabei die abgestorbene Mutterpflanze von den Kindeln abnehmen.

Weitere Arten: *A. chantinii* wächst schlanker und hat attraktive, quergestreifte Blätter.

Achtung: Die Pflanzen enthalten giftige Substanzen, die Hautreizungen hervorrufen können.

Zier-Ananas

Ananas comosus

leicht

Aussehen: Die Blätter sind lang und schmal, der zapfenförmige Blütenstand hat rötliche Hochblätter und kleine, blaue, im Verblühen rosa-violette Blüten. Nach der Fruchtbildung entwickeln sich seitlich an der Basis Ableger (Kindel), die Mutterpflanze in der Mitte stirbt nach und nach ab. Die Zier-Ananas gehört zur Familie der Bromelien, ist aber im Gegensatz zu vielen anderen eine Erdbromelie und kein Epiphyt.

Standort: Hell, ohne direkte Sonne. Temperatur auch im Winter und nachts nicht unter 16°C.

Wasserbedarf: Nie austrocknen lassen. Staunässe unbedingt vermeiden.

Düngen: Mäßiger bis geringer Nährstoffbedarf; im Winter nur schwach düngen.

Probleme: Thripse, Schildläuse, Spinnmilben.

Umtopfen: Wenn nötig im Februar/März den abgeschnittenen Blattschopf einer frisch gekauften Ananas in feuchtem Sand bei 20 bis 22°C bewurzeln lassen. Vorher lässt man die Schnittstelle leicht antrocknen.

Sorten: 'Variegatus' und 'Aureovariegatus' haben weiße Randstreifen auf den Blättern.

Achtung: Verletzungsgefahr durch die bedornten Blätter.

Guzmanie

Guzmania lingulata

schwer

Aussehen: Die Guzmanie ist eine epiphytisch lebende Bromelie mit vielen Sorten. Einige Sorten entwickeln einen hoch hinauswachsenden Blütenstand, bei anderen bleibt er gedrungen direkt über den Blättern. So schwankt die Höhe zwischen 30 und 60 cm. Die Blütezeit dauert von Dezember bis Februar. Da Kultur und Wachstum gesteuert werden können, kann man in den Gärtnereien aber das ganze Jahr blühende Pflanzen kaufen.

Standort: Heller bis halbschattiger, warmer Platz, keine direkte Sonne. Lufttemperatur ganzjährig bei etwa 20°C halten. Die Pflanzen brauchen viel Wärme und eine hohe Luftfeuchtigkeit; daher ist eine erfolgreiche Kultur auf Dauer nur im geschlossenen Blumenfenster oder warmen Gewächshaus möglich.

Wasserbedarf: Gleichmäßig feucht halten, aber nicht zu nass. Weiches, zimmerwarmes Wasser verwenden. Wasser darf im Trichter stehen. Im Winter sparsamer gießen. Häufig sprühen.

Düngen: Sehr schwach, während der Wachstumszeit alle ein bis zwei, im Winter nur alle vier bis sechs Wochen düngen.

Probleme: Thripse, Schildläuse, Spinnmilben.

Umtopfen: Wenn nötig im Februar/März.

Nestrosette
Nidularium-Arten

mittel

Aussehen: Die Herzblätter färben sich schon mehrere Monate vor der Blüte leuchtend rot ein. Die kleinen, eher unscheinbaren weißen Blüten sind von leuchtend roten, orangefarbenen oder gelben Hochblättern umgeben. Blütezeit ist von Juni bis September. Dank der Kultursteuerung gibt es auch in anderen Monaten blühende Exemplare.
Standort: Heller, warmer Platz, ohne direkte Sonneneinstrahlung. Auch im Winter und nachts nicht unter 18°C. Hohe Luftfeuchtigkeit und Wärme. Deshalb ist eine dauerhafte Kultur am besten in geschlossenen Blumenfenstern, Glaskugeln oder im warmen Badezimmer möglich.
Wasserbedarf: Gleichmäßig feucht halten. Weiches, zimmerwarmes Wasser verwenden. Besonders während der Sommermonate sollte immer etwas Wasser im Trichter stehen. Im Winter sparsamer gießen. Häufig einsprühen.
Düngen: Geringer Nährstoffbedarf während der Wachstumsphase; von Oktober bis Februar nur sehr schwach düngen.
Probleme: Bei niedriger Luftfeuchtigkeit trocknen die Blattspitzen ein; Thripse und auch Spinnmilben.
Umtopfen: Wenn nötig im Februar/März.
Achtung: Verletzungsgefahr durch die bedornten Blätter.

Tillandsie
Tillandsia cyanea

schwer

Aussehen: *Tillandsia cyanea* ist eine weit verbreitete, grünblättrige Trichter-Tillandsie. Die großen lilablauen, bei manchen Sorten auch rosafarbenen Blüten an dem roten oder rosafarbenen Blütenschwert sind lange Zeit ein Blickfang im Zimmer. Nach der Blüte stirbt die Pflanze ab, nachdem sie vorher sogenannte Kindel (Tochterpflanzen) gebildet hat, die wiederum nach zwei bis drei Jahren blühen.
Standort: Sie liebt eher etwas höhere Temperaturen, mindestens 18°C, und steht gerne hell (Schutz vor Sonne im Sommer) oder auch im Halbschatten.
Wasserbedarf: Leicht feucht halten (in Blattrosette gießen) und öfter mit kalkfreiem Wasser besprühen. Höhere Luftfeuchtigkeit fördern das Wachstum. Im Winter Wassergaben reduzieren.
Düngen: Alle zwei bis vier Wochen gering dosiert düngen.
Umtopfen: Wenn nötig von März bis Sommer.
Weitere Arten: Es gibt über 1000 grün- und graublättrige Arten. Die Größe der angebotenen Pflanzen variiert von wenigen Zentimetern bis zu 30 cm. Die Blüten der meisten Arten zeigen sich von März bis September in Weiß, Gelb, Orange, Rot, Blau oder Violett.

Flammendes Schwert
Vriesea splendens

mittel

Aussehen: Es gibt zahlreiche Sorten mit glänzend grünen, gebänderten oder gefleckten Blättern. Der rote Blütenstand mit den kleinen, gelben Blüten erscheint im Sommer von Juni bis September, im Handel wird sie ganzjährig blühend angeboten. Es gibt Sorten mit rot oder gelb gefärbten Hochblättern.
Standort: Heller bis halbschattiger, warmer Platz, keine direkte Sonne. Auch im Winter und nachts nicht unter 18°C. Geschlossene Blumenfenster oder warme Gewächshäuser sind aufgrund der gewünschten hohen Luftfeuchtigkeit und dem Wärmebedürfnis für eine erfolgreiche Kultur am besten geeignet.
Wasserbedarf: Gleichmäßig feucht halten und häufig besprühen. Weiches, zimmerwarmes Wasser verwenden. Wasser im Trichter stehen lassen. In den kalten Monaten sparsamer gießen.
Düngen: Während der Wachstumsphase gering bis sehr gering; von Oktober bis Februar noch weniger und nur alle vier Wochen düngen.
Pflege: Lässt sich im Topf, aber auch als Aufsitzerpflanze halten.
Probleme: Thripse, Wollläuse, Spinnmilben.
Umtopfen: Wenn nötig von März bis Juli.
Achtung: Pflanze enthält giftige Substanzen.

Kalmus

Acorus gramineus

leicht

Aussehen: Diese Pflanze sieht zwar wie ein Gras aus, gehört aber zur Familie der Aronstabgewächse. Sie erreicht eine Höhe von 10 bis 40 cm.

Standort: Hell bis halbschattig, keine pralle Sonne. Kann im Sommer auch im Freien stehen. Die grünen Sorten sind winterhart, die weiß- und gelbbunten sollten frostfrei überwintert werden, allerdings darf die Temperatur 10 bis 12°C nicht übersteigen.

Wasserbedarf: Reichlich gießen und nie austrocknen lassen! Häufig mit Wasser besprühen.

Düngen: In der Wachstumsphase geringer bis mäßiger Nährstoffbedarf; von September bis Februar nicht düngen.

Probleme: Sehr empfindlich gegen Trockenheit! Immer feucht halten.

Umtopfen: Wenn nötig im März/April, in Blumenerde mit schwach saurem pH-Wert (6–7). Beim Topfen die Wuchsrichtung der Rhizome beachten.

Weitere Arten und Sorten: Die Sorte 'Albovariegatus' hat weißgrün gestreifte, schwertlilienartige Blätter. Andere Züchtungen haben reingrüne oder gelbgrüne Blätter.

Frauenhaarfarn

Adiantum raddianum

mittel

Aussehen: Der Frauenhaarfarn wird bis 50 cm hoch und wirkt sehr elegant. Frischgrüne rundliche Fiederblättchen sitzen auf schwarzen Blattstielen.

Standort: Halbschattig, bei hoher Luftfeuchtigkeit, Temperatur ganzjährig 20 bis 25°C, eine Temperaturabsenkung nachts auf 15°C ist empfehlenswert. Zugluft wird nicht vertragen. Ideal ist ein geschlossenes Blumenfenster mit hoher Luftfeuchtigkeit.

Wasserbedarf: Gut feucht halten. Das Austrocknen des Ballens wird nicht vertragen! Unbedingt nur weiches, zimmerwarmes Wasser verwenden. Öfter besprühen.

Düngen: Geringer Nährstoffbedarf; am besten Rhododendron-Dünger verwenden. Von Oktober bis Februar nicht düngen.

Probleme: Blattläuse und Spinnmilben.

Umtopfen: Wenn nötig im Frühjahr in leicht saures Substrat pflanzen.

Weitere Art: Fächer-Frauenhaarfarn (*A. tenerum*) mit zarteren, fächerförmigen Wedeln und einer Höhe von bis zu 100 cm.

Kolbenfaden

Aglaonema commutatum

! leicht

Aussehen: Der Kolbenfaden hat ovale oder lanzettliche Blätter in silbrigem Grün, Gelbgrün, Grüncreme oder Graugrün. Er wird 30 bis 60 cm hoch. Im Frühjahr entwickeln die Pflanzen bei guter Pflege aronstabförmige Blütenstände (Kolben mit weißem Hüllblatt), später eventuell sogar orangerote oder rote Früchte.

Standort: Heller bis halbschattiger Platz, kommt nach Anpassung auch mit schattigen Standorten zurecht. Die optimale Temperatur liegt zwischen 20 und 25°C, im Winter sollte sie nicht unter 16°C fallen. Trockene Zimmerluft stellt kein Problem dar.

Wasserbedarf: Regelmäßig gießen, nur von November bis Februar sparsamer (je wärmer das Zimmer ist, umso häufiger muss man gießen). Keine Staunässe.

Düngen: In der Wachstumsphase gering bis mäßig, von September bis Februar schwach düngen.

Probleme: Wurzelfäule bei Staunässe; Spinnmilben, Woll- und Schildläuse, auch Thripse.

Umtopfen: Wenn nötig im Frühjahr oder Sommer.

Sorten: 'Silver King' zeigt eine silbrige Blattmusterung, 'Silver Queen' bildet silberweiße Blätter mit wenig Grün.

Achtung: Kolbenfaden, besonders die Früchte der Blütenkolben, enthalten sehr stark giftige Substanzen.

Alokasie, Pfeilblatt

Alocasia-Arten und -Sorten

schwer

Aussehen: Alokasien werden 50 bis 100 cm groß. Die Sorte 'Polly' entwickelt dunkelgrünes Laub und die Blattadern sind mit einer dicken, hellen Linie hervorgehoben. 'Calidora' besitzt mittelgrüne, große Blätter, die Blattfläche ist etwas gerunzelt. Die Pflanzen ziehen im Winter ein.

Standort: Halbschattig, Pflanzen kommen aber auch mit Schatten zurecht. Wichtig: Die Luftfeuchtigkeit muss sehr hoch sein, was man nur in einer Pflanzenvitrine (geschlossenes Blumenfenster) erreichen kann. Die Temperatur sollte ganzjährig zwischen 20 und 25°C liegen, im Winter bei 18°C.

Wasserbedarf: Mäßig, stets leicht feucht halten, keinesfalls austrocknen lassen. Nässe, Staunässe sowie nasse, kalte Füße werden nicht vertragen. Im Winter sparsamer gießen, da die Pflanze dann in der Ruhephase ist.

Düngen: In der Wachstumsphase mäßig, von Oktober bis Februar nicht düngen.

Probleme: Bei Staunässe faulen die Wurzeln; Spinnmilben, Thripse, Weiße Fliege.

Umtopfen: Wenn nötig im Februar/März.

Achtung: Alokasien enthalten giftige, schleimhautreizende Substanzen.

Zier-Spargel

Asparagus-Arten und -Sorten

leicht

Aussehen: Je nach Art und Sorte wird der Zier-Spargel 20 bis 100 cm hoch. Die am häufigsten angebotene Sorte der Art *A. densiflorus* ist 'Sprengeri'. Die scheinbaren Blättchen sind die Seitensprosse und die eigentlichen Blätter sind Dornen. Der sehr fein „benadelte" Feder-Spargel, *A. setaceus,* trägt manchmal attraktive rote Früchte, auch *A. densiflorus* ziert sich mit Früchten. Beliebt sind außerdem 'Meyersii' mit steifen, katzenschwanzähnlichen Trieben und der stark wachsende, kletternde *A. falcatus.*

Standort: Heller Platz, aber keine volle Sonne, Temperatur im Sommer um 20°C und im Winter zwischen 10 bis 12°C. *A. densiflorus* und *A. setaceus* vertragen im Winter auch 15°C noch gut.

Wasserbedarf: Der Wurzelballen sollte gleichmäßig feucht gehalten werden und nie ganz austrocknen. Öfter mit weichem Wasser besprühen.

Düngen: In der Wachstumsphase mäßig, in den Wintermonaten nicht düngen.

Probleme: Bei zu trockenem, warmem und dunklem Standort in den Wintermonaten werden die Blättchen abgeworfen; Blattläuse, Spinnmilben, Thripse.

Umtopfen: Wenn nötig im Frühjahr.

Achtung: Die Blattdornen haben scharfe Spitzen.

Schusterpalme, Schildblume

Aspidistra elatior

leicht

Aussehen: Die Schusterpalme hat dunkelgrüne, ledrige Blätter und wird 50 bis 70 cm hoch.

Standort: Halbschattiger bis schattiger Platz, ohne direkte Sonne! Die weißgrünen Sorten brauchen einen helleren Platz, sonst geht die Blattmusterung verloren. Kann während der Sommermonate ins Freie, im Winter sind Kalthausbedingungen bei 3 bis 12°C am besten.

Wasserbedarf: In der Wachstumsperiode auf mäßige Bodenfeuchte achten, im Winter nur gießen, wenn die Erde trocken geworden ist. Staunässe wird nicht vertragen!

Düngen: Geringer Nährstoffbedarf; im Winter nicht düngen.

Probleme: Selten, manchmal Spinnmilben und Thripse.

Umtopfen: Wenn nötig im Februar/März.

Sorte: 'Variegata' besitzt schönes, weißgrün gestreiftes Laub.

Besonderheiten: Der deutsche Name Schusterpalme lässt sich auf die Anspruchslosigkeit dieser Blattpflanze zurückführen, die sogar in einem dunklen Raum zurecht kommt. Sie begnügt sich mit wenig Licht und ist unempfindlich gegenüber Staub, Zugluft, Temperaturschwankungen und Lufttrockenheit. Nur direkte Sonne und Staunässe werden übel genommen.

Nestfarn, Vogel-Nestfarn

Asplenium nidus

mittel

Aussehen: Der Nestfarn hat lange, breite Blätter und eine trichterförmige Rosette. Er kann im Topf in Erde oder als Aufsitzerpflanze, zum Beispiel auf einem Epiphytenstamm (Holz), gepflegt werden.

Standort: Hell bis halbschattig und warm. Die Temperatur darf nie unter 18°C fallen. Eine hohe Luftfeuchtigkeit ist notwendig.

Wasserbedarf: Den Ballen gleichmäßig feucht halten und nicht austrocknen lassen. Ausschließlich weiches, zimmerwarmes Wasser verwenden. Öfter besprühen.

Düngen: Während der Wachstumsphase sehr geringer bis geringer Nährstoffbedarf; von Oktober bis Februar nur alle acht Wochen düngen.

Probleme: Schildläuse, Thripse, Spinnmilben.

Umtopfen: Wenn nötig im Frühjahr in schwach saures Substrat.

Weitere Arten und Sorten: Es gibt viele Sorten mit gekräuselten Blatträndern, z. B. 'Fimbriatur'. Die Nestfarn-Art *A. antiquum* verträgt im Winter kühlere Temperaturen, liebt aber ebenfalls eine höhere Luftfeuchtigkeit.

Besonderheiten: Kein Blattglanzspray verwenden, das führt zu Blattschäden.

Elefantenfuß

Beaucarnea recurvata

mittel

Aussehen: Der Elefantenfuß entwickelt mit zunehmendem Alter einen verdickten Stammfuß, der in den schlanken Stamm übergeht. Am Ende sitzt ein Blattschopf, mit schmalen, eleganten Blättern.

Standort: Sonnig bis leicht absonnig. Im Sommer auch im Freien, aber vor Dauerregen schützen. Im Sommer sind Temperaturen um 18°C ideal, im Winter um 10 bis 12°C. Wenn die Pflanzen im Winter hell genug stehen, vertragen sie auch höhere Temperaturen. Ist es im Winter zu warm und gleichzeitig zu dunkel, kann man das an hellgrünen, dünnen Blättern erkennen.

Wasserbedarf: Regelmäßig gießen. Je kühler der Standort, desto weniger wässern. In den kalten Monaten deshalb nur sehr wenig Wasser geben.

Düngen: Insgesamt niedriger Nährstoffbedarf; von Oktober bis März muss gar nicht gedüngt werden.

Probleme: Spinnmilben, Woll- und Schildläuse, Thripse.

Umtopfen: Wenn nötig im Februar. Topfgröße so wählen, dass sie nur wenig größer ist als der verdickte Stamm.

Besonderheiten: Dass die unteren Blätter trocken werden, ist normal. Ein Stutzen zu langer Triebe ist im Frühjahr möglich. Der Elefantenfuß verzweigt sich dann.

Blatt-Begonie

Begonia-Rex-Cultorum-Gruppe

! leicht

Aussehen: Blatt-Begonien, auch Königs-Begonien genannt, haben wunderschöne Blattformen in ungeheuer vielfältigen Farbvariationen. Sie werden je nach Sorte 20 bis 40 cm hoch.

Standort: Hell, auch halbschattig, aber keine pralle Sonne. Zugluft wird nicht vertragen. Ideal sind Temperaturen zwischen 15 und 25°C, unter 15°C fühlen sich die Pflanzen nicht wohl. Die Luftfeuchtigkeit sollte etwas höher sein, das Besprühen der Blätter führt jedoch zu Blattflecken.

Wasserbedarf: Auf gleichmäßige Bodenfeuchte achten, bei Staunässe kommt es zu Wurzelfäule. Zimmerwarmes Wasser verwenden. Von Oktober bis Februar trockener halten, da einige Arten bei Kurztagsbedingungen eine Ruhephase durchmachen.

Düngen: In der Wachstumsphase mäßig, von November bis Februar nicht düngen.

Probleme: Blattläuse, Thripse, Mehltau.

Umtopfen: Wenn nötig im Februar/März.

Arten und Sorten: *B. masoniana* besitzt eine interessante schwarze Färbung um die Blattadern der sonst grünen Blätter. Die Tiger-Begonie *(B. boweri)* hat gefleckte Blätter.

Achtung: Einige Arten enthalten giftige, schleimhautreizende Substanzen.

Glücksbaum

Brachychiton rupestris

mittel

Aussehen: Im Topf bleibt der Glücksbaum klein und wird 50 bis 200 cm hoch, in Australien wächst er zu einem großen Baum heran. Die Blätter sind immergrün, bei jungen Pflanzen gefingert, im Alter lang und lanzettlich.

Standort: Sonnig oder sehr hell. Kann in den Sommermonaten auch ins Freie. Vor den ersten Frösten ins helle Überwinterungsquartier holen und bei maximal 10°C aufstellen.

Wasserbedarf: Der Stamm dient als Wasserspeicher, deshalb ist der Wasserbedarf nicht sehr hoch. Nässe und Staunässe unbedingt vermeiden. Es wird nur dann gegossen, wenn die Erde abgetrocknet ist. Im Winter sehr sparsam gießen.

Düngen: In der Wachstumsphase mäßig, von November bis Februar nicht düngen.

Probleme: Die Erde darf nicht vernässen, weil es ansonsten zu Fäulnis kommen kann; Spinnmilben, Blattläuse.

Umtopfen: Wenn nötig im Februar/März.

Weitere Art: Der ähnliche *B. acerifolius* wirkt in kühlen und hellen Räumen als eindrucksvoller Baum.

Besonderheiten: Man kann aus dem Flaschenbaum auch Zimmer-Bonsai ziehen, da er Rückschnitt sehr gut verträgt.

Buntwurz, Kaladie

Caladium bicolor

! schwer

Aussehen: Je nach Sorte sind die attraktiven, herzförmigen Blätter grün mit weißer, roter oder rosafarbener Zeichnung. Es gibt auch mehrfarbige Sorten. Kaladien werden 20 bis 40 cm hoch.

Standort: Sehr hell, aber keine pralle Sonne. Sonne am Morgen und abends wird vertragen. Kaladien brauchen eine hohe Luftfeuchtigkeit. Wenn die Pflanzen ihre Blätter im Herbst vollständig eingezogen haben, überwintert man nur die Wurzelknolle bei 18 bis 20°C (hell oder dunkel).

Wasserbedarf: Auf gleichmäßige Bodenfeuchte achten, öfter besprühen. Ab August die Wassergaben nach und nach einschränken. Wenn die Pflanze eingezogen ist, wird nicht mehr gegossen.

Düngen: Von Austriebsbeginn bis August mäßig, in der übrigen Zeit nicht düngen.

Probleme: Selten, manchmal Blattläuse.

Umtopfen: Wenn nötig wird die gesäuberte Knolle im Februar in frische, durchlässige Blumenerde gesetzt, aber nicht zu tief. Bei 22 bis 26°C und ausreichender Feuchte treibt die Pflanze neu aus. Die neuen Blätter häufig besprühen, weil sie empfindlich gegen trockene Luft sind.

Achtung: Der Pflanzensaft enthält giftige, hautreizende Substanzen.

Korbmaranthe, Pfauenpflanze

Calathea-Arten

schwer

Aussehen: Rot-grün-weiße bis dunkelgrün-braune, teilweise gemusterte oder sanft gewellte Blätter. Je nach Art 30 bis 60 cm hoch. Im Sommer bilden sich mehr oder weniger auffallende Blüten, beispielsweise in Orangegelb bei *Calathea crocata* (Foto).

Standort: Hell, aber vor direkter Sonne geschützt. Die Temperatur darf auch nachts nicht unter 20°C und im Winter nicht unter 18°C liegen. Korbmaranthen gedeihen am besten im geschlossenen Blumenfenster, sie benötigen ein feuchtwarmes Klima. Auf der Fensterbank für hohe Luftfeuchtigkeit sorgen!

Wasserbedarf: Weiches, zimmerwarmes Wasser verwenden. Regelmäßig gießen, öfter mit Wasser übersprühen.

Düngen: Während der Wachstumsphase gering, von November bis Februar schwach düngen.

Pflege: Damit die Pflanze nicht auseinander fällt und einen schönen kompakten Wuchs behält, sollten die Triebe regelmäßig entspitzt werden.

Probleme: Bei zu nassem Ballen und zu starken Düngergaben werden nur weiche Triebe gebildet, die leicht umfallen; zu wenig Licht verhindert die typische Blattmusterung; Blattläuse, Spinnmilben und Thripse.

Umtopfen: Wenn nötig im Frühjahr in lockere und humose Substrate in nicht zu tiefe Töpfe.

Segge

Carex brunnea

leicht

Aussehen: Seggen sind dekorative Gräser, die am besten als Einzelpflanze zur Wirkung kommen. Sie können unterschiedliche Sorten und Arten kaufen, die sich durch verschiedene Blattfarben in Grün, Gelbgrün, Weißgrün mit teilweise bräunlichen Streifen unterscheiden. Sie werden 10 bis 40 cm hoch. Von *C. brunnea* gibt es meist die weißbunte Sorte 'Variegata' im Handel.

Standort: Hell bis halbschattig, luftig, aber keine Zugluft. Im Sommer auch draußen. Im Winter verlangen Seggen kühlere Temperaturen: 10°C sind in den Wintermonaten ideal.

Wasserbedarf: Erde gleichmäßig feucht halten, Nässe und Staunässe vermeiden. Der Ballen darf, auch in den Wintermonaten, nie ganz austrocknen. Gelegentlich besprühen.

Düngen: Geringer bis sehr geringer Nährstoffbedarf; von November bis Februar nicht düngen.

Probleme: Bei zu viel Nässe kann Fäulnis auftreten; Spinnmilben bei trockener Luft.

Umtopfen: Wenn nötig im Februar/März in humose, lehmige Erdmischungen.

Besonderheit: Viele andere *Carex*-Arten sind beliebte Gartenpflanzen.

Leuchterblume

Ceropegia linearis subsp. *woodii*

leicht

Aussehen: Da die filigranen Triebe bis 1 m lang werden und überhängen, lässt sich die Leuchterblume am besten in einer Ampel pflegen. Die fleischfarbenen Blütchen, die an Leuchter oder Kerzen erinnern, erscheinen fast ganzjährig.

Standort: Vollsonniger bis heller Platz. Während der Wachstumszeit sind Temperaturen von 20°C wünschenswert, in den Wintermonaten etwas kühler, aber nicht unter 8°C.

Wasserbedarf: Reagiert empfindlich auf zu viel Wasser. Erst gießen, wenn die Erde leicht trocken geworden ist. Im Winter noch vorsichtiger wässern.

Düngen: In der Wachstumszeit geringer Nährstoffbedarf; von Oktober bis Ende Februar nicht düngen.

Pflege: Hin und wieder stark zurückschneiden, da die Pflanzen dann aus den im Topf befindlichen Knollen neu austreiben und wieder kompakter werden.

Probleme: Blattläuse, Wollläuse.

Umtopfen: Wenn nötig im Februar/März.

Weitere Art: Die anspruchsvolle Kletternde Leuchterblume, *C. sandersonii*, hat größere Blüten.

Grünlilie, Graslilie

Chlorophytum comosum

! leicht

Aussehen: Es gibt grüne und weißgrüne Formen, die im Topf oder in einer Ampel gezogen werden. An den langen Ausläufern und Blütentrieben bilden sich kleine Tochterpflanzen (Kindel), die man an der Mutterpflanze lassen kann.

Standort: Sonnig bis schattig, warm oder auch kühler, die Grünlilie ist sehr anspruchslos. Sogar trockene Luft wird vertragen, allerdings sollte man ab und zu mit Wasser sprühen.

Wasserbedarf: Mäßig und gleichmäßig mit kalkarmem, zimmerwarmem Wasser gießen, je wärmer die Temperatur, desto häufiger. Staunässe und Ballentrockenheit vermeiden.

Düngen: In der Wachstumsphase mäßig, im Winter schwach düngen.

Probleme: Wenn es im Winter zu warm ist oder zu viel gedüngt wird sowie bei Licht- und Luftmangel knicken die Blätter ab. Braune Blattspitzen bei Lufttrockenheit oder Staunässe. Wurzelfäule entsteht durch Staunässe. Blattläuse.

Umtopfen: Wenn nötig von Frühjahr bis Herbst.

Sorten: 'Bonnie' bildet gekräuselte, grünweiß gestreifte Blätter, 'Mandarin' hat breite Blätter mit rötlicher Mittelrippe.

Achtung: Die Pflanze (Samen) enthält giftige Substanzen.

Königswein, Königsklimme

Cissus rhombifolia

leicht

Aussehen: Der Königswein gehört mit zu den bekanntesten Blatt- und Kletter- beziehungsweise Hängepflanzen für die Fensterbank. Er braucht ein Topfspalier oder wird als dekorative Hängepflanze in einer Ampel gezogen. Je nach Kletterhilfe wird er bis zu 1,50 m lang. Die Blätter sind dunkelgrün und dreigeteilt.

Standort: Halbschattig und hell ohne pralle Sonne, bei Zimmertemperatur zwischen 16 und 20°C. Eine höhere Luftfeuchtigkeit ist wichtig: Öfter mit Wasser besprühen.

Wasserbedarf: Den Ballen gleichmäßig feucht halten, weder zu nass noch zu trocken.

Düngen: In der Wachstumsphase mäßig, im Winter nur alle sechs Wochen düngen.

Pflege: Ein Rückschnitt wird vertragen.

Probleme: Thripse, Blatt-, Woll- und Schildläuse, Spinnmilben.

Umtopfen: Wenn nötig zu Wachstumsbeginn Ende Februar/Anfang März bis in den Sommer hinein.

Weitere Art: *C. antarctica* hat einfache, ungefiederte Blätter mit gesägtem Rand.

Kroton, Wunderstrauch

Codiaeum variegatum

! mittel

Aussehen: Der Kroton wächst strauchartig und wird bis zu 2 m hoch. Die langen, schlanken bis ahornblattähnlichen Blätter sind gelb, orange oder rot auf grünem Grund gezeichnet.

Standort: Sonniger bis heller Platz, ohne volle Sonne, Lufttemperaturen um die 20°C sind optimal. Im Winter darf die Lufttemperatur nicht längere Zeit unter 18°C sinken. Große Temperaturschwankungen werden nicht vertragen und können zu Blattfall führen. Auf hohe Luftfeuchtigkeit achten.

Wasserbedarf: Von März bis September auf gute Ballenfeuchte achten, keine Staunässe oder Ballentrockenheit. Weiches, abgestandenes Wasser verwenden. Öfter mit Wasser besprühen. Im Winter nur mäßig feucht halten.

Düngen: In der Wachstumsphase mäßig, von Oktober bis Februar schwach düngen.

Probleme: Spinnmilben, Woll- und Schildläuse.

Umtopfen: Wenn nötig von Februar bis März.

Achtung: Der Pflanzensaft enthält giftige Substanzen. Bei häufigem Kontakt kann es zu allergischen Hautreaktionen, bei Verschlucken zu Brennen im Mund, Erbrechen, Durchfall sowie Darmkrämpfen kommen.

Keulenlilie

Cordyline terminalis (syn. *C. fruticosa*)

leicht

Aussehen: Keulenlilien sind sehr variabel, was die Färbung der Blätter angeht: von schwarzgrün über hellgrün, auch mit roten Streifen. Manche Sorten wachsen eher buschig, andere schießen schlank nach oben.

Standort: Heller bis halbschattiger, warmer Platz mit hoher Luftfeuchtigkeit.

Wasserbedarf: In der Wachstumsperiode mäßig, aber stets mit weichem und zimmerwarmem Wasser gießen. Ballentrockenheit und Staunässe werden nicht vertragen. Öfter mit Wasser besprühen.

Düngen: Mäßiger bis hoher Nährstoffbedarf; von November bis Februar nur selten düngen.

Probleme: An zu dunklem Standort vergrünen blattbunte Sorten. Schildläuse; bei trockener Luft können außerdem Spinnmilben auftreten.

Umtopfen: Wenn nötig im Februar/März.

Weitere Sorten und Arten: Bekannt sind die Sorten 'Compacta' in ganz dunklem Grün und 'Kiwi' mit rotem Rand. *C. australis* wird häufig als Kübelpflanze angeboten, sie besitzt dünne Blätter und sieht wie ein Palmenschopf aus, der anfänglich direkt aus der Erde kommt. Sie hat andere Kulturansprüche und kann im Sommer im Garten stehen.

Palmfarn, Sagopalme

Cycas revoluta

mittel

Aussehen: Die Blätter sind palmenartig, fein gefiedert und glänzend dunkelgrün. Der dicke Stamm ist bräunlich. Palmfarne können im Alter bis 2 m hoch werden.
Standort: Heller, sonniger und luftiger Platz ohne pralle Sonne. Sommertemperaturen um die 20°C. Im Sommer kann man die Pflanze auch nach draußen stellen. Die Wintertemperaturen sollten mit etwa 15°C etwas niedriger liegen. Zugluft vermeiden.
Wasserbedarf: Mäßig, aber regelmäßig gießen. Nässe und Staunässe werden nicht vertragen. Im Winter sparsamer wässern und etwas trockener halten.
Düngen: Von April bis September mäßig mit Flüssigdünger, während der übrigen Monate nicht düngen.
Probleme: Spinnmilben.
Umtopfen: Wenn nötig im Februar/März.
Besonderheiten: Der Palmfarn erinnert an Palmen, gehört aber zur Familie der Palmfarngewächse. Mit zunehmendem Alter beansprucht er viel Platz. Da die Pflanze nur sehr langsam wächst, sind große Exemplare entsprechend teuer.
Achtung: Der Palmfarn enthält giftige Substanzen, besonders giftig sind Samen und Wurzeln. Eine Vergiftung zeigt sich durch Erbrechen und blutigen Durchfall.

Zypergras

Cyperus involucratus, C. alternifolius

mittel

Aussehen: Zypergras hat attraktive Blattrosetten und gehört zu den wenigen Pflanzen, die nasse Füße mögen. Die Blätter sind grün und schmal. Die Triebe werden je nach Art und Sorte 30 bis 200 cm hoch.
Standort: Sonnig bis hell bei Zimmertemperatur, im Winter nicht unter 12°C. Zypergras eignet sich nicht für draußen!
Wasserbedarf: Reichlich gießen, es sollte immer Wasser im Untersetzer oder Übertopf stehen. Bei niedrigeren Temperaturen ist der Wasserbedarf geringer.
Düngen: In der Wachstumsphase mäßig, von November bis Februar maximal einmal pro Monat düngen.
Probleme: Bei trockener Luft, saurer oder alkalischer Erde werden die Blattspitzen braun; Spinnmilben sowie Blatt- und Wollläuse können auftreten.
Umtopfen: Wenn nötig im Frühjahr in normale Blumenerde (pH-Wert 5,5–6,5). Wenn die Horste im Alter von innen gelb werden, teilt man die Pflanze beim Umtopfen.
Weitere Sorten und Arten: 'Variegatus' hat weißgrüne Blätter, vergrünt aber bei übermäßiger Düngung und im Alter. Papyrus *(C. papyrus)* kann bis zu 3 m hoch werden. Zwerg-Zypergras *(C. gracilis)* bleibt mit 40 cm kleiner.

Dieffenbachie

Dieffenbachia seguine

leicht

Aussehen: Die Dieffenbachie besitzt attraktive große, grüne, zum Teil mit weißer oder gelber Musterung durchzogene Blätter, die an schlanken Stämmen sitzen. Sie wird bei guter Pflege schnell groß.
Standort: Halbschattiger oder heller Platz ohne pralle Sonne. Von März bis September 20 bis 25°C, im Winter nie unter 18°C.
Wasserbedarf: Mäßig, aber regelmäßig gießen. Weiches, zimmerwarmes Wasser verwenden, in den kalten Monaten sparsamer wässern.
Düngen: In der Wachstumsphase mäßig, von Oktober bis Februar schwach düngen.
Pflege: Die Pflanzen entwickeln mit der Zeit einen Stamm. Wenn er unten verkahlt, kann man die Pflanze zurückschneiden, dabei Handschuhe tragen.
Probleme: Lichtmangel lässt die Blätter vergrünen. Glasige Blattstiele und Nassfäule der Blätter weisen auf eine Bakterienkrankheit hin (Pflanzen wegwerfen). Spinnmilben, Woll- und Schildläuse sowie Thripse.
Umtopfen: Wenn nötig im Frühjahr oder Sommer (pH-Wert 5,5).
Achtung: Die Pflanze ist in allen Teilen sehr giftig (haut- und schleimhautreizend)! Sie gehört nicht in Haushalte mit kleinen Kindern oder Haustieren. Beim Hantieren immer Handschuhe tragen!

Drachenbaum, Drachenlilie

Dracaena fragrans

leicht

Aussehen: Diese Art hat einen dicken Stamm, breite, grüne, grüngelb oder grünweiß gestreifte Blätter und wird 1,50 bis 2 m hoch.

Standort: Hell bis halbschattig, keine volle Sonne, Zugluft vermeiden, Ideal sind Zimmertemperaturen, in den Wintermonaten nicht unter 18°C halten. Bei halbschattigem Stand wird die Blattmusterung nicht typisch ausgebildet.

Wasserbedarf: Mäßig, aber regelmäßig gießen. Der Ballen darf nicht austrocknen. Im Winter weniger wässern.

Düngen: In der Wachstumsphase mäßig, von November bis Februar schwach düngen.

Probleme: Bei niedriger Luftfeuchtigkeit, Ballentrockenheit oder Zugluft gibt es braune Blattspitzen; Spinnmilben und Thripse, Woll- und Schildläuse.

Umtopfen: Wenn nötig von Frühjahr bis Sommer.

Weitere Arten: Der Schmalblättrigere Drachenbaum *(D. deremensis)* besitzt länglich-lanzettliche, hellgrüne Blätter mit weißem oder gelblichem Rand. *D. marginata* hat einen dünnen Stamm mit Blattschopf und grünen oder bunt gestreiften Blättern. Der Grünweiße Drachenbaum *(D. sanderiana)* erinnert an Bambus – „Lucky Bamboo".

Zier-Banane

Ensete ventricosum

mittel

Aussehen: Bananen wachsen sehr schnell und bringen mit ihren großen Blättern exotisches Flair in die Wohnung. Sie werden mit 2 bis 6 m schnell groß. Die dicht stehenden Blattstiele bilden einen dicken Scheinstamm. Durch unterirdische Ausläufer entstehen kleine Gruppen. Zwerg-Bananen bleiben mit bis zu 2 m deutlich kleiner.

Standort: Sonnig, hell, warm bei hoher Luftfeuchtigkeit. Im Sommer bis Ende August auch windgeschützt im Freien. Ab Oktober kühler (5 bis 10°C), aber möglichst hell.

Wasserbedarf: Hoch. Kalkarmes Wasser verwenden und öfter die Blätter einsprühen. Den Ballen nie austrocknen lassen. Im Winter weniger gießen.

Düngen: In der Wachstumsphase mäßiger bis hoher Nährstoffbedarf; in der Ruhepause nur sehr selten und schwach düngen.

Probleme: Spinnmilben.

Umtopfen: Wenn nötig im Februar/März.

Weitere Sorten und Arten: 'Maurelii' mit roten Blättern gilt als sehr robust. Die Japanische Faser-Banane *(Musa basjoo)* bleibt mit 2 bis 4 m kleiner; sie wird genauso gepflegt wie die Zier-Banane, sie kann mit Winterschutz sogar im Garten ausgepflanzt werden.

Efeutute

Epipremnum pinnatum

leicht

Aussehen: Die Efeutute hat grüne, grünweiß oder grüngelb gestreifte oder gesprenkelte Blätter. Sie braucht eine Kletterhilfe oder wird als Ampelpflanze gezogen. Im Alter können die Triebe eine Länge von 5 bis 6 m erreichen, daher kann man die Pflanze mit einem Gerüst zu einem Raumteiler erziehen. Selten findet man im Handel die Altersform, deren Blätter eine Länge von über 50 cm erreichen können. Meistens wird die Jugendform angeboten.

Standort: Halbschattiger bis heller Platz bei Zimmertemperaturen. Ein schattiger Platz ist auch möglich, dann vergrünen jedoch die Blätter. Im Winter darf die Temperatur nicht unter 16°C fallen.

Wasserbedarf: Mäßig, aber regelmäßig gießen. Je größer die Pflanze, desto häufiger muss man wässern. Staunässe vermeiden. Nur im Winter bei niedrigeren Temperaturen braucht sie weniger Wasser.

Düngen: Geringer Nährstoffbedarf.

Probleme: Bei zu trockener Luft kommt es zum Blattrollen; Schildläuse.

Umtopfen: Wenn nötig im Frühjahr.

Weitere Art: Die Bunte Efeutute *(E. aureum)* hat grüngelbe Blätter, sie wird auch als *E. pinnatum* 'Aureum' angeboten.

Efeuaralie

× Fatshedera lizei

leicht

Aussehen: Die Blätter sind ahornförmig gelappt und glänzend dunkelgrün oder grünweiß panaschiert. Efeuaralien werden bis 3 m hoch.

Standort: Halbschattig, auch hell. Keine pralle Sonne! Die buntlaubigen Sorten brauchen mehr Licht als die grünen. Im Sommer kann sie auch draußen geschützt aufgestellt werden. Zimmertemperaturen (mindestens 15°C) sind von März bis Oktober ideal, danach während der Ruhezeit kühler (0 bis 15°C) halten.

Wasserbedarf: Von März bis Anfang Oktober mäßige bis leichte Bodenfeuchte, im Winter sehr sparsam wässern. Keine Nässe oder Staunässe.

Düngen: Von März bis Anfang Oktober mäßig bis viel, danach nicht mehr düngen.

Pflege: Triebe immer wieder stutzen, damit sie nicht zu lang werden.

Probleme: Blattläuse, Spinnmilben, Schildläuse, Thripse.

Umtopfen: Wenn nötig im Februar/März.

Besonderheiten: Die Efeuaralie ist eine Kreuzung aus Zimmeraralie *(Fatsia)* und Efeu *(Hedera)*. Daher sind ihre Bedürfnisse auch eine Mischung aus denen ihrer beiden Elternteile.

Achtung: Die Pflanze enthält giftige Substanzen.

Zimmeraralie

Fatsia japonica

leicht

Aussehen: Die Pflanze wird bis zu 2 m hoch und hat glänzend dunkelgrüne, gefingerte Blätter. Sie wächst relativ schnell und braucht einen großen Topf.

Standort: Halbschattiger oder heller Platz, kann auch teilweise sonnig stehen, aber nicht in der prallen Sonne. Von März bis Oktober sind Zimmertemperaturen ideal, ab November ist Ruhezeit bei 5 bis 10°C.

Wasserbedarf: Mäßige Bodenfeuchte von März bis Oktober. In den übrigen Monaten sparsamer wässern, aber nicht zu trocken werden lassen. Keine Nässe oder Staunässe.

Düngen: Von März bis Oktober mäßig bis viel, danach überhaupt nicht mehr düngen.

Probleme: Blatt- und Schildläuse; Spinnmilben, Thripse.

Umtopfen: Wenn nötig im Februar/März vor dem Austrieb.

Besonderheiten: In den milden Gebieten Englands ist diese Aralie eine Gartenpflanze.

Sorte: ‚Variegata' bildet weiß- oder gelbbunte Blätter und benötigt etwas mehr Licht.

Achtung: Zimmeraralien enthalten giftige Substanzen.

Birken-Feige

Ficus benjamina

mittel

Aussehen: Die Birken-Feige wächst buschig bis baumartig, bis 2,50 m, bei genügend Platz auch höher. Ihre Blätter sind glänzend hell- bis dunkelgrün, auch weißgrün, gelbgrün oder hell-dunkelgrün panaschiert.

Standort: Heller Platz ohne volle Sonne, Zimmertemperatur. Halbschattiger Standort wird nach Anpassung toleriert. Wintertemperaturen unter 15°C vermeiden.

Wasserbedarf: Mäßige Bodenfeuchte, Ballentrockenheit und Staunässe vermeiden. Verwenden Sie abgestandenes, weiches Wasser. Hin und wieder mit Wasser besprühen. Von Oktober bis Februar weniger gießen.

Düngen: In der Wachstumsphase mäßig, von Oktober bis Februar nur alle sechs Wochen düngen.

Probleme: Bei Staunässe, Temperaturschwankungen, Lichtmangel, Zugluft oder Standortwechsel wirft sie ihre Blätter ab. Teilweiser Blattfall im Winter ist wegen des geringen Lichtangebotes normal. Die weißgrünen Sorten sind empfindlicher als die grünen. Bei zu kaltem Stand werden die Blätter silbrig. Schildläuse, Spinnmilben, Thripse, Blattflecken.

Umtopfen: Wenn nötig von Ende Februar bis August.

Achtung: Der Milchsaft kann bei empfindlichen Menschen zu Hautreizungen führen.

Gummibaum

Ficus elastica

leicht

Aussehen: Blätter grün oder weißgrün, glänzend, ledrig. Wuchs baumartig, kann schnell mehrere Meter hoch werden.

Standort: Halbschattiger oder heller Platz ohne pralle Sonne bei Zimmertemperaturen. Von Oktober bis Februar kühler halten, nicht unter 16°C. Weißgrüne Sorten wollen heller und wärmer stehen.

Wasserbedarf: Auf mäßige Bodenfeuchte achten, keine Staunässe. Zimmerwarmes und abgestandenes Wasser verwenden. In den kalten Monaten weniger gießen.

Düngen: In der Wachstumsphase mäßig; von Oktober bis Februar nur alle sechs Wochen düngen.

Pflege: Kann problemlos zurückgeschnitten werden. Es bilden sich dann Seitentriebe, die Pflanze wächst kompakter.

Probleme: Woll- und Schildläuse, Spinnmilben Thripse.

Umtopfen: Wenn nötig Ende Februar/ Anfang März.

Weitere Arten: Geigen-Feige *(F. lyrata)* hat große Blätter in Geigenform und braucht viel Licht, aber keine pralle Sonne. Mäßig feucht halten. Kletter-*Ficus* (*F. pumila*, syn. *F. repens*) braucht eine Rankhilfe.

Achtung: Der Milchsaft kann bei empfindlichen Menschen zu Hautreizungen führen.

Efeu

Hedera helix

leicht

Aussehen: Es gibt unzählige Sorten mit vielen Blatt- und Wuchsformen. Je nach Kletterhilfe wird der Efeu im Zimmer bis zu 3 m groß. Die Blätter sind hell- oder dunkelgrün, weißgrün oder gelbgrün panaschiert, gelappt, kraus oder ganzrandig.

Standort: Die grünen Sorten wünschen einen halbschattigen Platz, die bunten wollen heller stehen, weil sich die Blattzeichnung ansonsten nicht typisch ausbildet. Keine pralle Sonne. In der Wachstumszeit bei Zimmertemperatur, im Sommer auch im Freien und im Winter bei etwa 10°C pflegen. Ein Standort mit höherer Luftfeuchtigkeit ist ideal.

Wasserbedarf: Mäßige Bodenfeuchte, öfter besprühen. Je dunkler und kühler der Standort, desto weniger muss gewässert werden.

Düngen: In der Wachstumsphase mäßig, von November bis Februar nicht düngen.

Pflege: Efeu verträgt einen drastischen Rückschnitt, wenn die Triebe zu lang geworden sind.

Probleme: Bei zu viel Nässe kommt es zu Fäulnis, bei zu trockener Luft zu Spinnmilben; Thripse, Blatt-, Woll- und Schildläuse können ebenfalls auftreten.

Umtopfen: Wenn nötig Frühjahr bis Sommer.

Achtung: Die Pflanze (Früchte) enthält giftige Substanzen.

Punktblume, Tüpfelblume

Hypoestes phyllostachya

mittel

Aussehen: Die Punktblume gehört zu den Zimmerpflanzen, deren Schönheit man erst auf den zweiten Blick erkennt. Damit sie die typische Blattausfärbung (grün mit weißer, rosa oder roter Zeichnung) ausbildet, muss sie hell genug stehen. Die im Handel erhältlichen Exemplare sind meist mit Hemmstoffen behandelt und werden 10 bis 15 cm hoch.

Standort: Heller bis sehr heller Platz ohne pralle Sonne. Eine hohe Luftfeuchtigkeit und Temperaturen zwischen 20 bis 25°C von März bis Oktober und kaum unter 20°C in den übrigen Monaten sind ideal.

Wasserbedarf: Mäßige Bodenfeuchte. Weiches, abgestandenes Wasser verwenden. Von November bis Februar weniger Wasser geben, aber nicht austrocknen lassen.

Düngen: In der Wachstumsphase geringer bis mäßiger Nährstoffbedarf; von November bis Februar nur schwach düngen.

Pflege: Ältere Pflanzen werden sparrig; es bietet sich an, die Pflanze über Stecklinge zu vermehren.

Probleme: Bei Nässe kommt es zu Wurzelschäden und die Blätter welken; Weiße Fliege, Spinnmilben.

Umtopfen: Wenn nötig im Februar/ März.

Korkenzieher-Binse

Juncus effusus 'Spiralis'

mittel

Aussehen: Diese Sumpfpflanze erinnert an einen Schnittlauch mit korkenzieherartig verdrehten, glänzend mittel- bis dunkelgrünen Blättern. Sie wird 20 bis 60 cm hoch und blüht im Juli bis August mit kleinen, bräunlichen Blüten.

Standort: Sonnig; da die Korkenzieher-Binse eigentlich eine Gartenpflanze ist, kann sie im Sommer draußen stehen und sollte im Winter nicht zu warm kultiviert werden.

Wasserbedarf: Regelmäßig gießen, es kann auch etwas Wasser im Untersetzer oder Übertopf stehen bleiben. Trockenheit wird nicht vertragen.

Düngen: Während der Wachstumsphase mäßig, im Winter nicht düngen.

Umtopfen: Wenn nötig im Frühjahr in saure Blumenerde.

Weitere Sorten Die reine Art *Juncus effusus* hat gerade Blätter, die Sorte 'Cuckoo' wird 30 cm hoch und hat unregelmäßig gelb gestreifte Halme. 'Gold Strike (syn. 'Aureostriatus') wird bis 80 cm hoch und hat gelb gestreifte Halme (vor allem das Tragblatt über dem Blütenstand).

Pfeilwurz, Marante

Maranta leuconeura

mittel

Aussehen: Die Marante hat einmalige Blattmusterungen. Die Sorte 'Kerchoveana' entwickelt hübsche, braune Blattflecken zwischen den grünen Adern, 'Fascinator' gefällt durch die hell- und dunkelgrün wechselnden Blattflecken und roten Adern. Sie wachsen hängend oder klimmend und werden etwa 10 bis 25 cm groß.

Standort: Halbschattig, warm, bei hoher Luftfeuchtigkeit. Bei trockener Luft kümmert die Pflanze. Die Lufttemperatur sollte bei 20 bis 25 °C liegen und darf im Winter nicht unter 15 °C sinken.

Wasserbedarf: Gleichmäßig feucht halten. Nur weiches, zimmerwarmes Wasser verwenden. Keine Ballentrockenheit oder Staunässe. Öfter besprühen. Von September bis Februar sparsamer wässern.

Düngen: In der Wachstumsphase geringer bis mäßiger Nährstoffbedarf, von September bis Februar wird nur alle sechs Wochen schwach gedüngt.

Pflege: Zu lange Triebe können eingekürzt werden.

Probleme: Die Blattmusterung verliert sich, wenn die Pflanze zu sonnig steht. Blattflecken bei zu trockener und kalter Luft; Spinnmilben, Thripse.

Umtopfen: Wenn nötig im Februar/März; dabei auf guten Wasserabzug achten (Dränage).

Fensterblatt, Monstera

Monstera deliciosa

! leicht

Aussehen: Die Blätter der Jungpflanzen zeigen noch nicht die typischen „Fenster" und tiefen Einschnitte. Die Altersform kann Blätter mit einem Durchmesser von über 1 m entwickeln. Das Fensterblatt erreicht nach einigen Jahren im Zimmer Deckenhöhe.

Standort: Heller, halbschattiger Platz ohne direkte Sonne. Optimal sind um die 21 °C, bei hoher Luftfeuchtigkeit; von Oktober bis Februar sollte das Fensterblatt bei 16 bis 21 °C, nicht unter 15 °C, gepflegt werden.

Wasserbedarf: Auf gleichmäßige Bodenfeuchte achten, aber Nässe vermeiden! Öfter besprühen und die Blätter mit einem nassen Tuch abwischen.

Düngen: In der Wachstumsphase mäßig, von September bis März etwas weniger düngen.

Pflege: Lange, auf den Boden hängende Luftwurzeln nicht abschneiden, sondern in den Topf stecken.

Probleme: Die Blätter verblassen bei zu viel Sonne. Verkahlung bei zu dunklem Stand und mangelhafter Ernährung. Schwarze Blattränder sind die Folge von zu nasser Pflege.

Umtopfen: Wenn nötig im Frühjahr; die Luftwurzeln dabei nicht verletzen.

Achtung: Die *Monstera* enthält giftige (hautreizende) Substanzen.

Mühlenbeckie, Drahtstrauch

Muehlenbeckia complexa

leicht

Aussehen: Die Mühlenbeckie hat kleine, rundliche Blättchen an langen, schnell wachsenden Trieben. Sie ist eine Kletterpflanze, die entweder ein Topfspalier zum Emporwachsen braucht, als Bodendecker wächst oder als Ampelpflanze gepflegt wird. Ursprünglich stammt das Knöterichgewächs aus Neuseeland.

Standort: Sonnig bis hell. Trockene Luft vermeiden. Im Sommer kann die Pflanze draußen stehen. Die Zimmertemperatur sollte in den kalten Wintermonaten bei 5 bis 10°C liegen, an hellen Plätzen darf es wärmer sein.

Wasserbedarf: Hoch; regelmäßig gießen. Staunässe und Ballentrockenheit vermeiden.

Düngen: In der Wachstumsphase mäßig, von Oktober bis Februar nicht düngen.

Pflege: Zu lange oder unerwünschte Triebe zurückschneiden.

Probleme: Bei zu dunklem und warmem Stand in den kalten, lichtarmen Monaten kommt es zu Blattfall und Spinnmilben.

Umtopfen: Wenn nötig im Februar/März, bei Wachstumsbeginn.

Schwertfarn

Nephrolepis exaltata, N. cordifolia

leicht

Aussehen: Dieser horstig wachsende Farn eignet sich wegen seines überhängenden Wuchses gut für Ampeln. Er wird 20 bis 50 cm hoch, die Wedel können länger herabhängen. In seiner Heimat wächst er epiphytisch (als Aufsitzerpflanze auf Bäumen).

Standort: Heller bis halbschattiger Platz, bei hoher Luftfeuchtigkeit. Liebt Wärme und sollte auch im Winter nicht unter 18°C stehen.

Wasserbedarf: Gleichmäßige Bodenfeuchte. Staunässe und Ballentrockenheit vermeiden. Weiches, zimmerwarmes Wasser verwenden. Immer wieder mit Wasser besprühen. Viele Sorten vertragen nach der Eingewöhnung auch eine mittlere Luftfeuchtigkeit: Je stärker die Fiederung, desto höher sollte die Luftfeuchtigkeit sein!

Düngen: In der Wachstumsphase gering bis mäßig, von Oktober bis Februar nur alle vier bis sechs Wochen düngen.

Probleme: Spinnmilben, Wollläuse.

Umtopfen: Wenn nötig im März/April in durchlässiges Substrat (pH-Wert ca. 5,5).

Sorten: Es gibt zahlreiche Sorten, die sich in Größe und Befiederung der Wedel unterscheiden, z. B. 'Duffii', 'Plumosa', 'Teddy Junior', 'Bostoniensis' und 'Bormstedt'.

Pachira

Pachira aquatica

mittel

Aussehen: Bei Pachira werden meist in der Jugend mehrere Pflanzen miteinander zu einem Stammzopf verflochten. So steht die Pflanze auch ohne Stützstab gerade. An der Spitze entwickeln sich handförmig geteilte Blätter, die an Kastanien erinnern.

Standort: Hell ohne direkte Sonneneinstrahlung. Zimmertemperatur ist ideal, im Winter nicht unter 12°C, im Sommer kann man die Pflanze nach draußen auf den Balkon oder die Terrasse stellen. Dabei vor Wind und Regen schützen.

Wasserbedarf: Mäßige Bodenfeuchte. Im Winter trockener halten.

Düngen: In der Wachstumsphase mäßig, von November bis Februar nicht düngen.

Pflege: Im Februar/März bis Juli kann man zu groß gewordene Pflanzen zurückschneiden. Mit zunehmendem Alter stören sich die verflochtenen Stämme meist gegenseitig, so dass durchaus die eine oder andere Pflanze absterben kann.

Probleme: Trockene Luft kann Blattfall verursachen; Spinnmilben, Thripse.

Umtopfen: Wenn nötig im Februar/März.

Schraubenbaum

Pandanus veitchii

mittel

Aussehen: Der Schraubenbaum stammt aus Mangrovenwäldern. Er entwickelt im fortgeschrittenen Alter einen kurzen Stamm und Stelzwurzeln, die den Stamm zusätzlich abstützen. Die Stelzwurzeln heben die Pflanze etwas aus dem Topf, was aber nichts ausmacht. Er wird sehr groß und nimmt viel Platz ein. Es gibt grünblättrige und gestreifte Sorten.

Standort: Hell bis halbschattig, keine pralle Sonne. Die Temperatur sollte nicht unter 18°C fallen, auch nicht im Winter.

Wasserbedarf: Mäßig gießen, dabei gleichmäßig feucht halten. Im Winter, wenn die Temperaturen niedriger sind, weniger wässern.

Düngen: In der Wachstumsphase mäßig, von November bis Februar schwach düngen.

Probleme: Spinnmilben, Thripse und Wollläuse.

Umtopfen: Wenn nötig im Februar/März. Beim Umtopfen nur so tief setzen, wie die Pflanze vorher gestanden hat.

Achtung: Verletzungsgefahr wegen der Stacheln an den Blatträndern. Besonders bei älteren, großen Pflanzen muss man vorsichtig beim Hantieren sein.

Zwergpfeffer, Peperomie

Peperomia-Arten

leicht

Aussehen: Es gibt viele Arten, z. B. *Peperomia argyreia, P. clusiifolia, P. obtusifolia, P. caperata* und *P. griseoargentea*. Die Blattfarben variieren von reinem Grün, Weißgrün, Gelbgrün bis Rot und Rotbraun, viele Arten haben silberne Streifen und besondere Blattstrukturen. Es gibt fleischige, dünne, gerunzelte oder glatte Blätter. Der Wuchs ist je nach Art aufrecht, kriechend oder hängend.

Standort: Buntblättrige Sorten wollen hell, die grünen können auch halbschattig stehen; keine pralle Sonne. Temperatur ganzjährig nicht unter 18°C. Je dünner und weicher die Blätter sind, desto höher muss die Luftfeuchtigkeit sein. Insgesamt sollte die Luftfeuchte für alle Arten relativ hoch sein.

Wasserbedarf: Mäßig, aber regelmäßig gießen. Keine Ballentrockenheit oder Staunässe.

Düngen: In der Wachstumsphase gering bis mäßig, von November bis Februar nur insgesamt ein- oder zweimal düngen.

Probleme: An zu dunklen Plätzen vergrünen die buntblättrigen Sorten. Fäulnis an Stängeln und Blättern bei zu tiefen Temperaturen und zu nasser Erde; Spinnmilben.

Umtopfen: Wenn nötig von Februar bis August.

Kletter-Philodendron

Philodendron scandens

leicht

Aussehen: Der Kletter-Philodendron hat dunkelgrüne, herzförmige Blätter und kann Triebe von mehreren Metern Länge entwickeln; er wird so groß wie die Kletterhilfe und kann auch als Ampelpflanze gepflegt werden.

Standort: Hell bis halbschattig, ohne direkte Sonne. In der Wachstumsperiode bei Zimmertemperatur, von November bis Februar nicht unter 16°C. Liebt hohe Luftfeuchtigkeit und einen warmen Fuß.

Wasserbedarf: Gleichmäßige Bodenfeuchte ohne Nässe, Staunässe und Ballentrockenheit. Öfter besprühen.

Düngen: In der Wachstumsphase gering bis mäßig, im Winterhalbjahr nur schwach düngen.

Probleme: Bodentrockenheit oder Nässe führt zu braunen Blatträndern und -flecken, nasses Erdreich oder kalter Fuß zu Wurzelfäule; Spinnmilben, Thripse, Woll- und Schildläuse.

Umtopfen: Wenn nötig im Frühjahr.

Weitere kletternde Arten: Rotblättriger Philodendron *(P. erubescens)* mit länglichen Blättern, Spross und Blattstiele mit rötlichem Schimmer. Fünflappiger Philodendron *(P. bipennifolium)* mit olivgrünen, am Rand eingebuchteten Blättern.

Achtung: Philodendren enthalten giftige (hautreizende) Substanzen.

Baumfreund

Philodendron bipinnatifidum

! leicht

Aussehen: Der aufrecht mit gedrungenem Spross wachsende Baum-Philodendron treibt dunkelgrüne, ausladende, tief geschlitzte, glänzende Blätter auf kräftigen Stielen.

Standort: Halbschattig, ohne direkte Sonneneinstrahlung. Hohe Luftfeuchtigkeit. In der Wachstumsperiode sind Zimmertemperaturen und von November bis Februar mindestens 16°C wünschenswert. Bodenwärme ist von Vorteil. Kalte Zugluft meiden.

Wasserbedarf: Regelmäßig gießen, gleichmäßig feucht halten. Öfter besprühen. Staunässe und Ballentrockenheit werden nicht vertragen.

Düngen: In der Wachstumsphase gering bis mäßig, im Winter nur schwach düngen.

Probleme: Wurzelfäule durch nasses Erdreich oder kalten Fuß; braune Blattränder und -flecken durch Bodentrockenheit oder Nässe; Woll- und Schildläuse, Spinnmilben, Thripse.

Umtopfen: Wenn nötig im Frühjahr.

Weitere nicht kletternde Arten: *P. selloum* hat dunkelgrüne, tief gelappte Blätter und wird bis über 1 m hoch und breit. Der selten angebotene *P. cannifolium* hat ganzrandige Blätter.

Achtung: Philodendren enthalten giftige (hautreizende) Substanzen.

Tüpfelfarn, Hasenfußfarn

Phlebodium aureum

mittel

Aussehen: Die tief gelappten und gefiederten Blätter wachsen aus dem kriechenden Rhizom und erreichen eine Länge von 60 cm. Das weich behaarte Rhizom erinnert ein wenig an Hasenpfoten, vor allem wenn es über den Topfrand hinauswächst.

Standort: Hell bis halbschattig, warm, luftfeucht, keine direkte Sonne. Im Sommer sind Zimmertemperaturen um 20°C empfehlenswert, im Winter etwa 15°C.

Wasserbedarf: Gleichmäßig feucht halten, Staunässe und Ballentrockenheit vermeiden. Weiches, zimmerwarmes Wasser verwenden. Überschüssiges Gießwasser fünf Minuten nach dem Wässern aus dem Untersetzer abgießen. Liebt hohe Luftfeuchtigkeit, kommt aber nach einer Anpassungsphase auch mit etwas trockenerer Luft aus. Trotzdem sollte man den Farn öfters besprühen.

Düngen: Sehr wenig bis wenig in der Wachstumszeit, von Oktober bis Februar überhaupt nicht düngen.

Probleme: Schildläuse, Spinnmilben.

Umtopfen: Wenn nötig im März/April in saure Blumenerde (pH-Wert ca. 5,5).

Weitere Sorten: Es gibt Sorten mit blau bereiften Blättern ('Glaucum crispum') oder gekräuselten Fiedern ('Cristatum').

Kanonierblume

Pilea-Arten

leicht

Aussehen: Die dankbaren Blattschmuckpflanzen werden nur 10 bis 30 cm groß. Ihre unscheinbaren Blüten erscheinen meist im Frühling oder Frühsommer.

Standort: Heller Platz ohne direkte Sonne; luftig, eher kühl bei 10 bis 15°C. Im Winter darf die Lufttemperatur nicht unter 10 bis 12°C fallen und im Sommer nicht über 24°C steigen.

Wasserbedarf: Mäßige Bodenfeuchte, nicht austrocknen lassen. Staunässe vermeiden. Im Winter sparsamer gießen: je wärmer, desto häufiger. Einige Arten lieben eine höhere Luftfeuchtigkeit.

Düngen: Geringer Nährstoffbedarf; von November bis Februar schwach düngen.

Umtopfen: Wenn nötig im Februar/März.

Arten: *P. crassifolia* (siehe Foto) entwickelt eine runzelige Blattstruktur und grünrotes Laub. *P. cadierei* hat ovale Blätter mit vier silbrigweißen Streifen zwischen den Adern. *P. depressa* wächst bodendeckend oder hängend. *P. involucrata* bildet blasenartige Ausstülpungen auf den grünen bis kupferroten Blättern (braucht immer über 17°C). *P. microphylla* ist ein Bodendecker mit kleinen, fleischigen Blättern. Neu: *P. libanensis* mit kleinen, silbrigen Blättern.

Geweihfarn

Platycerium bifurcatum

mittel

Aussehen: Die geweihartigen, sporentragenden, grünen Blätter sind mit weißem Filz überzogen. Die braunen Nischenblätter dienen als Halteorgan sowie zur Wasseraufnahme und zum Sammeln von Blättern, die dann verrotten. Er wächst sehr langsam und gedeiht als Aufsitzerpflanze auf Holz oder Rindenstücken, auf denen er festgebunden wird; schön auch in einer Ampel oder einem Lattenkörbchen.
Standort: Heller bis halbschattiger, warmer Platz bei hoher Luftfeuchtigkeit. Nach der Eingewöhnung wird auch eine mittlere relative Luftfeuchtigkeit (50%) toleriert. Standortwechsel vermeiden. Im Winter bei 12 bis 15°C pflegen.
Wasserbedarf: Mit weichem, zimmerwarmem Wasser in die Nischenblätter gießen oder einmal pro Woche tauchen. Staunässe unbedingt vermeiden! Im Winter trockener halten, wenn es nicht so warm ist. Nicht mit Wasser besprühen!
Düngen: Sehr geringer bis geringer Nährstoffbedarf.
Probleme: Schildläuse.
Umtopfen: Wenn nötig vorsichtig mit frischem Substrat versorgen, dabei die braunen Nischenblätter nicht entfernen!
Weitere Art: *P. grande* bildet grüne Nestblätter, die an der Spitze elchgeweihartig auswachsen.

Zimmerbambus

Pogonatherum paniceum

mittel

Aussehen: Der Zimmerbambus ist einer der wenigen Gräser, die wir auf der Fensterbank pflegen. Die Triebe tragen zarte Einzelblättchen und hängen bei älteren Pflanzen über. Er wird 30 bis 40 cm hoch.
Standort: Sonniger bis heller, warmer und luftfeuchter Platz. Im Sommer kann der Zimmerbambus auch im Freien an einem geschützten Platz stehen. Im Winter sollten die Zimmertemperaturen maximal 15 bis 18°C betragen.
Wasserbedarf: Reichlich wässern, denn trocknet der Wurzelballen einmal aus, erholt sich die Pflanze davon nicht mehr. Staunässe führt zu Wurzelfäulnis. Öfters mit zimmerwarmem, kalkarmem Wasser besprühen.
Düngen: In der Wachstumsphase gering bis mäßig, von November bis Februar nur schwach düngen.
Probleme: Bei zu trockener Pflege werden die Blätter braun, außerdem können dann Spinnmilben auftreten.
Umtopfen: Wenn nötig im Februar/März bei Wachstumsbeginn.

Sichelfarn, Ilexfarn

Polystichum falcatum

mittel

Aussehen: Der Sichelfarn erreicht eine recht stattliche Größe und wird 50 bis 70 cm hoch. Die Blätter an den einfach gefiederten Wedeln erinnern an die einer Stechpalme *(Ilex)*. Als pflegeleichter Farn ist er auch für Anfänger geeignet.
Standort: Hell bis halbschattig, auch schattig. Pralle Sonne vermeiden! Ideal ist ein eher kühler Standort. Im Sommer kann der Sichelfarn auch draußen stehen. Im Winter möglichst kühl, bei etwa 10°C, pflegen. Besonders prächtig entwickelt er sich ausgepflanzt im kühlen Wintergarten.
Wasserbedarf: Immer feucht halten, dabei Nässe und Staunässe vermeiden. Kalkarmes, zimmerwarmes Gießwasser ist wichtig. Zwischen dem Gießen ist ein leichtes Antrocknen der Blumenerde empfehlenswert. Im Winter sparsamer gießen. Öfter besprühen.
Düngen: Während der Wachstumszeit gering, von Oktober bis Februar nicht düngen.
Probleme: Woll- und Schildläuse sowie Spinnmilben.
Umtopfen: Wenn nötig im März/April in Erde mit pH-Wert um 5,5.

Flügelfarn

Pteris cretica

schwer

Aussehen: Sehr variabel im Aussehen, es gibt gelbgrüne und weißgrüne Sorten, auch solche mit gekräuselten Blattspitzen. Je nach Sorte wird der Flügelfarn 10 bis 25 cm hoch. Die Blätter können typische gefiederte Farnblätter sein, aber auch dünn, lang gestreckt und an der Blattspitze verzweigt.

Standort: Hell (panaschierte, buntblättrige Sorten) bis halbschattig (reingrüne Sorten). Direkte Sonneneinstrahlung wird nicht vertragen. Hohe Luftfeuchtigkeit. Im Sommer ist eine Temperatur um 20°C ideal, im Winter um 15°C, nachts auch niedriger. Gedeiht auch in Vitrinen, Flaschengärten und geschlossenen Blumenfenstern.

Wasserbedarf: Immer leicht feucht halten. Weiches, zimmerwarmes Wasser verwenden. Im Winter nicht austrocknen lassen. Häufig besprühen.

Düngen: Während der Wachstumszeit sehr gering bis gering, von Oktober bis Februar nicht düngen.

Probleme: Besonders die bunten Sorten sind gegen Zugluft und trockene Luft empfindlich, Staunässe führt zu Fäulnis; Spinnmilben, Thripse.

Umtopfen: Wenn nötig im März/April in schwach saure Erde (pH-Wert um 6).

Zimmeresche

Radermachera sinica

mittel

Aussehen: Die Zimmeresche hat gefiederte, glänzende Blätter. Im Handel erhältliche Pflanzen sind häufig mit Hemmstoffen behandelt, daher verlieren sie später auf der Fensterbank ihren kompakten Wuchs und wachsen mehr in die Länge. Sie können dann durchaus bis 1,50 m hoch werden.

Standort: Hell, aber keine direkte Mittagssonne. Im Winter bei etwa 18°C halten und stehende Luft vermeiden.

Wasserbedarf: Gleichmäßig und regelmäßig gießen, vor allem im Sommer. Im Winter sparsamer wässern, bei warmer Zimmerluft häufiger. Staunässe und Ballentrockenheit vermeiden.

Düngen: In der Wachstumsphase mäßig; von Oktober bis Februar schwach düngen.

Pflege: Wenn die Pflanze zu groß wird, kann sie an der Spitze zurückgeschnitten werden. Starker Rückschnitt wird aber nicht vertragen.

Probleme: Bei zu trockener Pflege oder in schlecht gelüfteten Räumen werden die Blätter abgeworfen; außerdem können Spinnmilben, Thripse und Wollläuse auftreten.

Umtopfen: Wenn nötig im Frühling.

Bogenhanf, Sansevierie

Sansevieria trifasciata

leicht

Aussehen: Es gibt zwei verschiedene Wuchstypen: mit kurzen, rosettenartigen Blättern und mit langen, lanzettlichen. Je nach Typ werden sie zwischen 10 und 80 cm groß. Es gibt Sorten mit grünen Blättern und zum Teil mit weißem beziehungsweise gelbem Rand. Ältere Exemplare können duftende Blüten entwickeln.

Standort: Sonniger, aber auch halbschattiger Platz. Temperaturen bis 30°C sind kein Problem. Im Winter kühler, aber nicht unter 15°C pflegen.

Wasserbedarf: Nicht zu nass halten. Erst gießen, wenn die Erde oberflächlich abgetrocknet ist. Im Winter sparsam gießen.

Düngen: Während der Wachstumsphase gering bis mäßig, im Winter nicht düngen.

Probleme: Fäulnis bei zu nasser, kalter Pflege, Blattflecken bei starken Licht-, Temperatur- oder Feuchtigkeitsschwankungen; Woll- und Schildläuse.

Umtopfen: Wenn nötig im Frühjahr oder Sommer; wenn zu selten umgetopft wird, können die Rhizome sogar die Töpfe sprengen.

Weitere Arten: *S. cylindrica* 'Skyline' hat lange, dolchartige Blätter. Empfehlenswert ist auch *S. pinguicula*.

Achtung: Bogenhanf enthält giftige Substanzen.

Hängender Steinbrech

Saxifraga stolonifera

leicht

Aussehen: Pflegeleichte, rosettenartig wachsende Hängepflanze (hängend bis 40 cm lang), die einfach über ihre „hängenden" Ausläufer vermehrt werden kann. Je nach Sorte sind die Blätter grün oder grünweiß panaschiert. Die fadenartigen Triebe kontrastieren in rötlichem Braun.

Standort: Hell bis halbschattig, am besten als Ampelpflanze. Von Oktober bis Februar ist in der Ruhezeit eine Temperatur zwischen 8 und 12°C empfehlenswert, da sie eine attraktive Blüte ab dem Frühjahr auslöst.

Wasserbedarf: Mäßige Bodenfeuchte. Staunässe wird nicht vertragen. Für eine gute Dränage sorgen, es darf kein Wasser im Untersetzer stehen bleiben.

Düngen: In der Wachstumsphase mäßig, von Oktober bis Februar nicht düngen.

Probleme: Steht die Pflanze zu dunkel, bleichen die Blätter aus und die Pflanze blüht nicht; Blattläuse möglich.

Umtopfen: Wenn nötig im Frühjahr bis Sommer. Alte Pflanzen, die geblüht haben, entfernt man dabei. Nur die neuen, durch Ausläufer gebildeten Tochterpflanzen werden eingetopft und weitergepflegt.

Strahlenaralie

Schefflera arboricola

mittel

Aussehen: Diese beliebte Blattschmuckpflanze besitzt glänzende, gefingerte Blätter, die wie Mini-Kastanienblätter aussehen. Sie wird 80 bis 150 cm hoch. Es gibt viele verschiedene Sorten, auch mit weißbuntem Laub.

Standort: Hell bis sonnig, aber direkte Sonne meiden. Kann im Sommer auch nach draußen an einen hellen, geschützten Platz ohne Zugluft und pralle Sonne gestellt werden. Von Oktober bis Februar sehr hell bei Temperaturen nicht unter 15°C (panaschierte Sorten bei 18°C) halten. Liegt die Temperatur niedriger, werden die Blätter abgeworfen.

Wasserbedarf: Mäßig feucht halten, keine Staunässe. Öfter besprühen. Im Winter weniger gießen.

Düngen: In der Wachstumsphase mäßig, in den Wintermonaten schwach düngen.

Pflege: Ältere Exemplare können im Frühjahr kräftig zurückgeschnitten werden.

Probleme: Thripse, Woll- und Schildläuse, Spinnmilben.

Umtopfen: Wenn nötig im Frühjahr oder Sommer.

Achtung: Die Strahlenaralie enthält giftige (haut- und schleimhautreizende) Substanzen.

Gefleckte Efeutute

Scindapsus pictus

schwer

Aussehen: Die Gefleckte Efeutute ist anspruchsvoll in der Pflege. Die herzförmigen Blätter sind smaragdgrün und mit silbrig-weißen Punkten übersät. Bei der Sorte 'Argyalus' ist der Blattrand dekorativ weiß. *Scindapsus* braucht eine Kletterhilfe (Topfspalier oder Korkstäbe) und kann dann eine Länge von bis zu 10 m erreichen. Auch als Ampelpflanze geeignet.

Standort: Hell oder halbschattig bei ganzjährig 18 bis 22°C. Da sie eine hohe Luftfeuchtigkeit und viel Wärme braucht, eignet sich die Pflanze auch für geschlossene Blumenfenster.

Wasserbedarf: Mäßige Bodenfeuchte, aber regelmäßig gießen. Staunässe und Ballentrockenheit vermeiden. Zum Gießen und Besprühen zimmerwarmes, weiches Wasser verwenden.

Düngen: In der Wachstumsphase mäßig, von November bis Februar alle vier Wochen leicht düngen.

Umtopfen: Wenn nötig im Frühjahr oder Sommer.

Achtung: Die Gefleckte Efeutute enthält giftige Substanzen. Äußerlich kommt es zu Entzündungen der betroffenen Hautpartien, nach Aufnahme zu Brennen und Anschwellen von Zunge und Mundschleimhäuten, später zu Erbrechen und Magen- Darmbeschwerden.

Mooskraut, Moosfarn

Selaginella-Arten

mittel

Aussehen: Zierliche Pflanzen mit kriechendem oder aufrechtem Wuchs. Die Blätter sind grün, hellgelb, gelb- oder weißgrün, teilweise mit weißen Spitzen. Der Feingliedrige Moosfarn *(S. kraussiana)* breitet sich rasenartig aus und wächst nur wenige Zentimeter in die Höhe. Die schuppenartigen Blättchen sitzen an verzweigten Trieben und geben der Pflanze ihr moosartiges Aussehen. Der Wiesen-Moosfarn *(S. apoda)* wird 8 cm hoch, Marten's Mooskraut (*S. martenssii*, Foto) erreicht bis 20 cm Höhe.

Standort: Halbschattig, auch für Nordfenster geeignet. Keine direkte Sonne. Im Sommer eher kühl bei 15 bis 18°C halten, im Winter bei 8 bis 10°C. Stellen Sie die Pflanzen nie zu warm auf, sie fallen sonst in sich zusammen. Unbedingt für eine hohe Luftfeuchtigkeit sorgen!

Wasserbedarf: Gleichmäßige Bodenfeuchte, am besten über den Untersetzer gießen. Weiches und zimmerwarmes Wasser verwenden. Keine Staunässe oder Ballentrockenheit. Im Winter selten wässern.

Düngen: Niedriger bis sehr niedriger Nährstoffbedarf; von Oktober bis Februar nicht düngen.

Probleme: Blattälchen führen zu rotbraunen, eingerollten Blättern.

Umtopfen: Wenn nötig im März/April bei Austriebsbeginn in ein Torf-Sand-Gemisch.

Bubiköpfchen

Soleirolia soleirolii

leicht

Aussehen: Die feinen Blättchen und Triebe wachsen flach oder überhängend. Im Handel gibt es mittlerweile verschiedene Sorten mit silbergrauen oder gelbgrünen Blättchen.

Standort: Hell, halbschattig, aber auch schattig. Die Temperatur kann warm, aber auch kühler, bis 5°C, sein. Besonders im Winter sind kühlere Temperaturen günstiger. Steht die Pflanze im Winter wärmer, braucht sie sehr viel Licht, sonst werden die Triebe lang und mastig. Idealer Bodendecker im Wintergarten. In seiner Heimat Korsika und Sardinien wachsen die Pflanzen an halbschattigen und sogar schattigen Plätzen zwischen Mauerfugen und Felsen.

Wasserbedarf: Gleichmäßig feucht halten. Am besten über den Untersatz gießen, um Fäulnis zu vermeiden. Überschüssiges Wasser nach zehn Minuten abgießen. Im Winter bei niedrigeren Temperaturen vorsichtiger gießen.

Düngen: In der Wachstumsphase mäßig, im Winter nicht düngen.

Probleme: Die Triebe vergeilen, wenn die Pflanze zu warm oder zu dunkel steht.

Umtopfen: Wenn nötig im Frühjahr.

Zimmerlinde

Sparrmannia africana

! mittel

Aussehen: Die Zimmerlinde kann zu einem Baum mit 2 bis 3 m Höhe heranwachsen. Die frischgrünen Blätter werden bis zu 20 cm breit. Die weißen Blüten mit roten und gelben Staubgefäßen erscheinen von Dezember bis März.

Standort: Sonniger bis heller, nicht zu warmer Platz. Kann im Sommer auch im Freien an einem windgeschützten Platz stehen. Im Winter hell, bei mindestens 5, besser 10 bis 12°C, halten.

Wasserbedarf: Viel gießen, Ballentrockenheit und Staunässe vermeiden. In den kalten, lichtarmen Monaten bei niedrigeren Temperaturen sparsamer wässern.

Düngen: Während der Wachstumsphase hoher Nährstoffbedarf; von Oktober bis Februar nur alle sechs Wochen düngen.

Pflege: Kräftiger Rückschnitt nach der Blüte möglich oder wenn die Pflanze viele Blätter verliert.

Probleme: Bei Staunässe oder zu warmer Überwinterung werden keine Blüten angesetzt. Pralle Sonne führt zu Blattverbrennungen. Blattfall bei zu dunklem, warmem oder trockenem Stand; Blattläuse, Spinnmilben, Weiße Fliege, Thripse.

Umtopfen: Wenn nötig von Frühling bis Herbst.

Achtung: Die Zimmerlinde enthält schwach giftige (hautreizende) Substanzen

Blumenmaranthe

Stromanthe-Arten

schwer

Aussehen: Für die Kultur im Zimmer sind zwei Arten interessant: Die größere *Stromanthe sanguinea* und die etwas kleinere *S. amabilis* (heißt mittlerweile *Ctenanthe amabilis*). Beide Arten werden in verschiedenen Sorten angeboten, die sich durch Blattfarben und -formen unterscheiden. Sie haben lanzettliche Blätter mit heller oder rötlicher Zeichnung und werden 50 bis 150 cm hoch.

Standort: Hell, aber vor direkter Sonne geschützt. Im Sommer bei 22 bis 30°C, im Winter nicht unter 18°C halten. Eine hohe Luftfeuchtigkeit ist nötig, daher am besten im geschlossenen Blumenfenster pflegen.

Wasserbedarf: Immer ausreichend feucht halten und regelmäßig wässern. Weiches, zimmerwarmes Wasser verwenden. Öfter besprühen.

Düngen: Während der Wachstumsphase wenig, von November bis Februar sehr wenig düngen.

Probleme: Steht die Pflanze zu dunkel, wird die typische Blattmusterung nicht ausgebildet; Spinnmilben, Thripse.

Umtopfen: Wenn nötig im Frühjahr. Am besten in Töpfe setzen, die niedriger als breit sind.

Purpurtute

Syngonium podophyllum

mittel

Aussehen: Die Blätter sind in der Jugend pfeilförmig und ganzrandig, im Alter geteilt und gelappt. Ältere Pflanzen entwickeln grüne Blütenkolben mit rötlich gefärbtem Hochblatt. Die im Handel erhältlichen Exemplare sind oft mit Hemmstoffen behandelt worden und verlieren später auf der Fensterbank ihren kompakten Wuchs. Die Wuchshöhe ist von der Kletterhilfe abhängig, Purpurtuten eignen sich auch für Ampeln.

Standort: Hell, keine pralle Sonne. Die Luftfeuchtigkeit muss hoch sein, die Raumtemperatur darf das ganze Jahr nicht unter 18 bis 25°C sinken.

Wasserbedarf: Während der Wachstumszeit mäßig gießen. Weiches, abgestandenes Wasser verwenden. Öfter besprühen und die Blätter mit einem feuchten Tuch abwischen.

Düngen: In der Wachstumsphase geringer bis mäßiger Nährstoffbedarf; im Winter höchstens einmal düngen.

Probleme: Wurzelfäulnis bei Staunässe.

Umtopfen: Wenn nötig im Februar/März.

Henne mit Küken

Tolmiea menziesii

leicht

Aussehen: Die Blätter sind zart, herzförmig und teilweise schön weißgrün panaschiert. Wird 15 bis 20 cm hoch. Am Ansatz des Blattstiels bilden sich zahlreiche kleine Tochterpflanzen, die „Küken". Auch als dekorative Ampelpflanze verwendbar.

Standort: Heller bis halbschattiger, eher kühler Platz ohne direkte Sonne. Kann im Sommer auch draußen im Garten, auf Balkon oder Terrasse stehen. In den kalten Monaten sollten die Temperaturen nicht unter 10°C fallen.

Wasserbedarf: Im Sommer reichlich, im Winter nur, wenn sich die Erde trocken anfühlt, gießen.

Düngen: In der Wachstumsphase mäßig, von Oktober bis Februar überhaupt nicht düngen.

Probleme: Steht die Pflanze zu sonnig, verbräunen die Blätter; Weiße Fliege, Spinnmilben und Blattläuse.

Umtopfen: Wenn nötig im Frühjahr oder Sommer.

Dreimasterblume

Tradescantia-Arten

leicht

Aussehen: Die Blätter sind grün, weiß, gelb oder rosa gestreift und mit reingrüner, roter oder bräunlicher Blattunterseite. Je nach Art werden sie 20 bis 60 cm lang.

Standort: Heller Platz. Keine direkte Sonne. Im Sommer auch im Freien, im Winter darf die Temperatur nicht unter 10°C fallen, besser etwa 15°C.

Wasserbedarf: Regelmäßig gießen; gelegentlich besprühen (erhöhte Luftfeuchtigkeit).

Düngen: Während der Wachstumsphase wenig, von November bis Februar sehr wenig düngen.

Pflege: Triebe regelmäßig entspitzen, damit die Pflanze schön kompakt bleibt.

Probleme: Bei zu dunklem Stand werden die Blätter nicht typisch ausgefärbt. Weiche Triebe durch zu viele Nährstoffe und zu nasse Pflege. Blattläuse sind möglich, bei *T. spathacea* auch Spinnmilben und Thripse bei zu trockener Luft.

Umtopfen: Wenn nötig im Frühjahr.

Arten: Bekannt sind beispielsweise *T. fluminensis* und *T. pallida*. *T. spathacea* mit bis 30 cm langen, unterseits purpurrot gefärbten Blättern. Zebrakraut *(T. zebrina)* in vielen Sorten, z. B. 'Quadricolor' mit silbrig-rosacremefarbenen Streifen und 'Discolor' mit dunklem Mittelstreifen.

Yucca, Riesen-Palmlilie

Yucca elephantipes

! leicht

Aussehen: Mit ihren dicken Stämmen und dem palmenartigen Schopf ist die Yucca ein Klassiker unter den Zimmerpflanzen. Pro Topf kann man einen oder mehrere Stämme zusammenstecken. Es gibt Sorten mit dunkelgrünen oder grünweiß gestreiften Blättern. Wenn die Pflanze an der Zimmerdecke anstößt, kann man sie einfach absägen und das obere Stück in frische Erde zum Bewurzeln stecken. Der untere Teil treibt neu aus.

Standort: Sonniger oder heller, luftiger Platz. Im Sommer auch im Freien an der frischen Luft. Im Winter sind Zimmertemperaturen, aber auch ein kühlerer Platz bei 5 bis 10°C geeignet.

Wasserbedarf: Mäßig, aber regelmäßig gießen. Im Winter trockener halten.

Düngen: In der Wachstumsphase mäßiger Nährstoffbedarf; wenn die Pflanzen von November bis Februar unter 10°C stehen, wird nicht gedüngt, ansonsten alle sechs Wochen.

Probleme: Spinnmilben, Woll- und Schildläuse.

Umtopfen: Wenn nötig im März/April.

Achtung: An den spitzen Blattenden kann man sich verletzen.

Zamioculcas

Zamioculcas zamiifolia

! leicht

Aussehen: Die Blätter von Zamioculcas, auch als Kartonpapier-Palme bekannt, sind glänzend dunkelgrün und gefiedert, die Blüten unscheinbar und aronstabähnlich mit kleinem Hochblatt und einem Kolben. Zamioculcas wird 30 bis 60 cm hoch.

Standort: Hell bis halbschattig, keine pralle Sonne. Je heller sie steht, desto wuchsfreudiger ist sie und desto heller werden die Blätter. Liebt hohe Temperaturen, auch im Winter sollten möglichst über 18°C herrschen. Trockene Luft wird vertragen.

Wasserbedarf: Eher trockener halten und nicht zu viel gießen. Da die Pflanze in ihrem fleischigen Rhizom Wasser speichert, ist es nicht schlimm, wenn man das Wässern einmal vergisst.

Düngen: In der Wachstumsphase geringer bis mäßiger Nährstoffbedarf; von November bis Februar schwach düngen.

Probleme: Bei zu nassem Stand vergilben die unteren Blätter und das Rhizom kann faulen.

Umtopfen: Wenn nötig im März/April.

Achtung: Zamioculcas enthält giftige Substanzen.

Betelpalme, Betelnuss

Areca catechu

mittel

Aussehen: Junge Betelpalmen entwickeln ungeteilte Blätter mit einer V-förmigen Spitze. Es dauert einige Jahre, bevor sich die typischen Fiederblätter entwickeln. Insgesamt wächst die Betelpalme langsam und erreicht erst nach einigen Jahren eine Höhe von 1,50 bis 2 m.

Standort: Hell bis halbschattig, bei ganzjährigen Temperaturen von möglichst 20 bis 24°C, mindestens 18°C. Zugluft vermeiden. Auf hohe Luftfeuchtigkeit achten; im warmen Gewächshaus oder Wintergarten wachsen die Pflanzen daher am besten.

Wasserbedarf: Gleichmäßig feucht halten, viel gießen. Zimmerwarmes Wasser verwenden, Ballentrockenheit unbedingt vermeiden. Häufig besprühen.

Düngen: Während der Wachstumsphase wenig, von Oktober bis Februar überhaupt nicht düngen.

Probleme: Spinnmilben, Woll- und Schildläuse, Thripse.

Umtopfen: Wenn nötig im März/April.

Bergpalme

Chamaedorea elegans

leicht

Aussehen: Die Bergpalme wird bis zu 1 m groß, manchmal auch höher. Ihre filigranen Wedel wachsen leicht überhängend. Schon bei jungen Pflanzen können sich Blüten entwickeln. Sie ist zweihäusig, das heißt, dass es männliche und weibliche Pflanzen der Art gibt.

Standort: Hell bis halbschattig, Temperaturen um 20°C, im Sommer kann sie auch im Freien stehen, aber nicht in der prallen Sonne. Von Oktober bis Februar sind Temperaturen um 12 bis 15°C ideal. Dabei immer auf eine hohe Luftfeuchtigkeit achten.

Wasserbedarf: Die Palme darf nicht austrocknen, daher immer gut feucht halten, aber Staunässe unbedingt vermeiden. Im Winter sparsamer gießen. Die Blätter öfters besprühen.

Düngen: Während der Wachstumsperiode mäßiger bis hoher Nährstoffbedarf; von Oktober bis Februar nur alle vier bis sechs Wochen düngen.

Probleme: Spinnmilben und Thripse.

Umtopfen: Wenn nötig im März/April.

Europäische Zwergpalme

Chamaerops humilis

! leicht

Aussehen: Die Zwergpalme hat große, fächerartige, tief geschlitzte Blätter und einen bedornten Blattstiel, der sie von der ähnlichen Hanfpalme unterscheidet. Sie wird 1 bis 2 m hoch. Im Alter bildet die Pflanze kurze Stämme, die von braunen Fasern umgeben sind. Auf der Fensterbank kommt es selten zur Blüte, als Kübelpflanze auf der Terrasse kann man an älteren Pflanzen häufiger die kleinen gelben oder orangeroten Blüten beobachten.

Standort: Sonnig bis hell; im Sommer warm, im Winter kühl, möglichst zwischen 8 bis 12°C. Im Sommer am besten auf Balkon und Terrasse oder im Garten aufstellen. Im Winter reicht auch ein halbschattiger Platz, solange die Temperaturen zwischen 8 und 10°C liegen; bei höheren Temperaturen heller stellen.

Wasserbedarf: In der Wachstumszeit immer gut feucht halten. Keine Ballentrockenheit, Nässe oder Staunässe. Für gute Dränage sorgen. Im Winter sparsamer gießen.

Düngen: In der Wachstumsphase mäßig, von Oktober bis Februar nicht düngen.

Probleme: Schildläuse, Spinnmilben.

Umtopfen: Wenn nötig im März/April, in kräftige, lehmig-humose Erde.

Achtung: An den bedornten Blattstielen kann man sich leicht verletzen.

Goldfruchtpalme

Chrysalidocarpus lutescens

mittel

Aussehen: Diese Palme mit palmentypischen Blattwedeln wächst in Gruppen von dünnen Stämmchen. Am Heimatstandort erreicht die Art eine Höhe von über 15 m, im Zimmer bleibt sie mit bis zu 2,50 m viel kleiner. Die dicht nebeneinander stehenden Blätter hängen im oberen Teil elegant über.

Standort: Hell, ohne pralle Sonne, ganzjährig bei 20 bis 24 °C, mindestens jedoch 16 °C (auch nachts und im Winter). Für eine möglichst hohe Luftfeuchtigkeit sorgen – Blätter einsprühen oder im warmen Gewächshaus oder Wintergarten halten.

Wasserbedarf: Gleichmäßig feucht halten. Weiches, abgestandenes Wasser verwenden. Ballentrockenheit wird genauso wenig vertragen wie Staunässe. Häufig besprühen.

Düngen: Geringer Nährstoffbedarf; von November bis Februar nur schwach düngen.

Probleme: Spinnmilben, Thripse.

Umtopfen: Wenn nötig im März/April in leicht saure Erde (pH-Wert bei 6).

Kokospalme

Cocos nucifera

schwer

Aussehen: Kokospalmen haben in der Jugend große, an der Spitze zweigeteilte Blätter und im Alter riesige, gefiederte Wedel, die man aber im Zimmer nie sieht. Sie werden 1 bis 3 m, in der Natur bis 30 m hoch.

Standort: Hell, aber keine pralle Sonne, bei 20 bis 24 °C im Sommer und etwa 18 °C im Winter. Im Winter ist es für diese Palmen bei uns zu dunkel, daher muss man für ein gesundes Wachstum eine Zusatzbeleuchtung installieren.

Wasserbedarf: Gleichmäßig feucht halten. Weiches, zimmerwarmes Wasser verwenden. Ballentrockenheit und Staunässe werden nicht vertragen. Häufig besprühen.

Düngen: In der Wachstumsphase mäßiger Nährstoffbedarf; von November bis Februar nur alle sechs Wochen düngen.

Probleme: Spinnmilben, Thripse, Schildläuse.

Umtopfen: Wenn nötig im März/April, eine gute Dränage ist wichtig.

Weitere Sorte: Eine klein bleibende Sorte der Art ist 'Malayan Dwarf'.

Kentiapalme, Howeapalme

Howea forsteriana

leicht

Aussehen: Die Kentiapalme gehört zu den robusten Palmenklassikern. Die eleganten, dunkelgrünen Fiederblätter stehen aufrecht und hängen zur Spitze elegant über. Die langsam wachsenden Palmen werden im Zimmer 2 bis 3 m groß, in der Natur bis 7 m.

Standort: Hell bis halbschattig, ganzjährig bei 20 bis 24 °C halten, mindestens jedoch bei 18 °C (auch im Winter und nachts). Ältere Pflanzen können im Winter auch etwas kühler und im Sommer auch im Freien stehen. Auf hohe Luftfeuchtigkeit achten.

Wasserbedarf: Gleichmäßig feucht halten. Mäßiger Wasserbedarf. Weiches, zimmerwarmes Wasser, am besten Regenwasser, verwenden. Staunässe und Ballentrockenheit vermeiden. Öfter besprühen.

Düngen: In der Wachstumsphase mäßig, von Oktober bis Februar nur alle vier bis sechs Wochen düngen.

Probleme: Thripse, Spinnmilben, außerdem Schildläuse.

Umtopfen: Wenn nötig zwischen März und August.

Weitere Art: Gelegentlich erhält man die Bogige Kentiapalme *(H. belmoreana)* mit steil nach oben stehenden Blattwedeln.

Chinesische Livingstonpalme

Livistona chinensis

mittel

Aussehen: Diese Palme hat rundliche Fächerblätter, die einen Durchmesser von bis zu 1 m erreichen können. Sie wird 2 bis 4 m, im Wintergarten oder Gewächshaus auch bis 7 m hoch.

Standort: Sonnig bis hell, bei 18 bis 24°C. Im Winter etwas kühler, bei 10 bis 15°C. Kann im Sommer auch draußen an einem warmen, geschützten Standort stehen. Verträgt auch trockenere Zimmerluft.

Wasserbedarf: Mäßig gießen, gleichmäßig feucht halten. Weiches, zimmerwarmes Wasser, am besten Regenwasser, verwenden. Staunässe und Ballentrockenheit werden nicht vertragen. Öfter besprühen.

Düngen: In der Wachstumsphase mäßig, von Oktober bis Februar nur alle vier bis sechs Wochen düngen.

Probleme: Schildläuse, Thripse.

Umtopfen: Wenn nötig im März/April in kräftige Erde mit etwas Lehm.

Weitere Arten: Die Australische Livingstonpalme *(L. australis)* entwickelt attraktive, große Fiederblätter, die an den Blattstielen mit Stacheln bewehrt sind. Ähnlich gepflegt wird die Rundblättrige Livingstonpalme *(L. rotundifolia)*, sie hat rundliche Blätter.

Achtung: Manche Arten haben dornige Blattstiele, an denen man sich verletzen kann.

Kokospälmchen

Microcoelum weddelianum

schwer

Aussehen: Diese meist mehrstämmig gezogene Palme hat feine, elegante Fiederblättchen. Sie wird bei guter Pflege 80 bis 100 cm hoch.

Standort: Hell, aber ohne direkte Sonne. Die Temperaturen sollten ganzjährig bei 20 bis 24°C liegen und nie, auch nicht im Winter oder nachts, unter 18°C absinken. Da das Kokospälmchen unbedingt eine hohe Luftfeuchtigkeit und viel Wärme braucht, geht es im Zimmer meist über kurz oder lang ein. Eine erfolgreiche Pflege ist nur im warmen Gewächshaus oder im Wintergarten möglich.

Wasserbedarf: Gleichmäßig feucht halten. Ballentrockenheit auf jeden Fall vermeiden. Hohe Luftfeuchtigkeit ist sehr wichtig, daher mindestens täglich besprühen.

Düngen: Während der Wachstumszeit geringer Nährstoffbedarf; von Oktober bis Februar nur alle acht Wochen düngen.

Probleme: Zugluft oder trockene Luft lässt die Fiederspitzen braun eintrocknen; Schildläuse, Spinnmilben, Thripse.

Umtopfen: Wenn nötig im März/April in Erde mit pH-Wert von etwa 5. Achtung: Die Wurzeln dabei nicht verletzen.

Dattelpalme, Phoenixpalme

Phoenix canariensis

leicht

Aussehen: Bekannte robuste und pflegeleichte Palme mit elegant gebogenen Fiederblättern, die über 1 m lang werden. Sie wird im Topf 1 bis 2, 50 m hoch.

Standort: Sonniger bis heller Platz, im Sommer warm, ab Oktober kühl bei 5 bis 12°C. Die Pflanze kann im Sommer auch draußen stehen.

Wasserbedarf: Erde in der Wachstumszeit immer feucht halten, dabei Ballentrockenheit, Nässe oder Staunässe vermeiden. Auf gute Dränage achten. Im Winter weniger gießen.

Düngen: Während der Wachstumszeit geringer Nährstoffbedarf; von Oktober bis Februar nicht düngen.

Probleme: Schildläuse, Spinnmilben, Thripse.

Umtopfen: Wenn nötig im März/April.

Weitere Art: Die Echte Dattelpalme *(P. dactylifera)* wächst etwas sparriger mit nicht so dicht angeordneten Fiedern. Die Zwerg-Dattelpalme *(P. roebelenii)* bleibt mit bis zu 1,50 m kleiner und ist etwas schwieriger zu pflegen. Sie braucht im Winter Temperaturen von 18°C und muss im Gegensatz zur größeren Dattelpalme im Winter alle sechs Wochen schwach gedüngt werden. Sie sollte im Sommer nicht nach draußen gestellt werden.

Steckenpalme

Rhapis-Arten

leicht

Aussehen: Die Hohe Steckenpalme *(Rhapis excelsa)* bildet vielstämmige Gruppen und erinnert ein wenig an den Bambus. Die dunkelgrünen Fächerblätter erreichen einen Durchmesser von 30 bis 40 cm. Die Niedere Steckenpalme *(R. humilis)* hat etwas zierlicher gefiederte Blätter.

Standort: Hell bis halbschattig, in der Wachstumszeit bei etwa 20°C pflegen. Im Sommer auch im Freien an einem geschützten Standort auf Balkon und Terrasse oder im Garten. Im Winter zwischen 5 bis 12°C kühl kultivieren. Ist der Winterstandort hell, werden auch höhere Temperaturen bis 18°C vertragen. Keine Zugluft.

Wasserbedarf: Erde in der Wachstumszeit immer feucht halten, dabei Ballentrockenheit, Nässe oder Staunässe vermeiden. Eine gute Dränage muss gewährleistet sein. Im Winter sparsamer gießen, aber nicht austrocknen lassen.

Düngen: In der Wachstumszeit wenig bis sehr wenig, von November bis Februar nicht düngen.

Probleme: Schildläuse und Thripse können vorkommen.

Umtopfen: Wenn nötig im Februar/März.

Sabalpalme, Palmettopalme

Sabal-Arten

leicht

Aussehen: Zwei Arten dieser Fächerpalme werden regelmäßig angeboten: Die Zwerg-Palmettopalme *(S. minor)* mit einer Höhe von maximal 2 m. Die Blätter entwickeln sich aus einem unterirdischen Stamm. Die Gewöhnliche Palmettopalme *(S. palmetto)* entwickelt einen oberirdischen Stamm, auf dem ein dichter, gedrungener Blattschopf sitzt.

Standort: Hell bis sehr hell, warm, pralle Sonneneinstrahlung vermeiden. Sabal-Palmen können im Sommer auch draußen auf Balkon und Terrasse oder im Garten stehen, dort geschützt und anfangs halbschattig. Im Winter sind Temperaturen zwischen 8 bis 12°C gewünscht.

Wasserbedarf: In der Wachstumszeit immer gut feucht halten. Ballentrockenheit, Nässe oder Staunässe vermeiden. Auf gute Dränage achten! Im Winter sparsamer gießen, aber nicht austrocknen lassen.

Düngen: In der Wachstumszeit wenig, von Oktober bis Februar nicht düngen.

Probleme: Woll- und Schildläuse, Spinnmilben, Thripse.

Umtopfen: Wenn nötig im März oder April, dabei die Wurzeln nicht verletzen.

Priesterpalme

Washingtonia filifera

! mittel

Aussehen: Die Washington-Palme wächst sehr schnell und wird daher für die Fensterbank rasch zu groß; für helle Treppenhäuser, die allerdings ohne Zugluft sein müssen, eignet sie sich aber umso mehr. Die hell- bis mittelgrünen Fächerblätter haben auffällige Bastfäden zwischen den Fiedern.

Standort: Hell, warm, aber keine pralle Sonne. Im Sommer auch im Freien an einem geschützten Standort. Im Winter bei 8 bis 12°C halten. Zugluft unbedingt vermeiden.

Wasserbedarf: In der Wachstumszeit den Ballen immer gut feucht halten. Nässe oder Staunässe, aber auch Ballentrockenheit vermeiden. Auf gute Dränage achten! Im Winter sparsamer gießen, aber nicht austrocknen lassen.

Düngen: In der Wachstumszeit wenig, von Oktober bis Februar nicht düngen.

Probleme: Schildläuse, Thripse, außerdem Spinnmilben, wenn es im Winter zu warm, lufttrocken und dunkel ist.

Umtopfen: Wenn nötig im März/April.

Weitere Art: Mexikanische Washingtonpalme *(W. robusta)*, meist ohne Bastfäden an den Blättern.

Achtung: Verletzungsgefahr an den stark bestachelten Blattstielen.

Aloe, Bitterschopf

Aloe-Arten

leicht

Aussehen: Je nach Art werden Aloen zwischen 5 und 100 cm hoch. Die Echte Aloe (*Aloe vera*, Foto) hat blaugrüne Blätter und ist wegen ihrer gesundheitsfördernden Inhaltsstoffe bekannt. Die Kap-Aloe *(A. ferox)* besitzt dekorative Rosetten auf einem kräftigen Stamm. Eine fast unverwüstliche Art ist die Baumartige Aloe *(A. arborescens)*. Die Tiger-Aloe *(A. variegata)* hat ineinander geschobene Blätter mit heller Musterung. *A. humilis* mit kürzeren, schmaleren Blättern entwickelt lange Blütenstiele mit roten Blüten und gelben Spitzen. Die Bebänderte Aloe *(A. aristata)* besticht durch kompakten, rosettenartigen Wuchs. *A. mitriformis* und *A. saponaria* gefallen durch ihre Blüten.

Standort: Sonnig, bei Zimmertemperatur, im Winter kühler.

Wasserbedarf: Gering. Keine Nässe und Staunässe. Bei kühleren Temperaturen während der Wintermonate sparsamer gießen.

Düngen: In der Wachstumszeit wenig, von November bis Februar nicht düngen.

Probleme: Bei zu viel Bodennässe faulen die Wurzeln; Blatt- und Wurzelläuse.

Umtopfen: Wenn nötig im Februar/März.

Achtung: Verletzungsgefahr durch die Blattdornen.

Schlangenkaktus

Aporocactus flagelliformis

leicht

Aussehen: Die hängenden Triebe des Schlangenkaktus werden bis 60 cm lang und tragen von März bis Juni rosafarbene oder rote Blüten.

Standort: Vollsonniger bis halbschattiger Platz, im Sommer warm und mit viel frischer Luft. Der Schlangenkaktus kann ab Ende Mai auch draußen im Freien stehen. Ab Oktober hell, bei 10 bis 16°C überwintern. Die Luftfeuchtigkeit sollte dann niedriger sein.

Wasserbedarf: Damit die Pflanzen schön blühen und wachsen, wird im Sommer ausreichend Wasser benötigt. Von April bis August gießen, wenn die Erde abgetrocknet ist, aber nicht zu wenig. Verwenden Sie weiches, zimmerwarmes, abgestandenes Wasser. Ab Oktober bis März nahezu trocken halten. Am besten nur alle drei bis vier Wochen etwas Wasser geben.

Düngen: In der Wachstumszeit alle zwei bis drei Wochen, von Oktober bis März nicht düngen.

Probleme: Spinnmilben.

Umtopfen: Wenn nötig im März/April.

Bischofsmütze

Astrophytum myriostigma

schwer

Aussehen: Der attraktive Kugelkaktus kann einen Durchmesser von 25 bis 30 cm und eine Höhe von 50 bis 80, gelegentlich sogar 100 cm erreichen. Der dunkelgrüne Pflanzenkörper ist mit weißen bis gelben Wollflöckchen verziert. Die gelben, duftenden Blüten erscheinen von Juni bis August.

Standort: Sonnig, warm, im Sommer auch im Freien auf Balkon, Terrasse oder im Garten. Im Winter werden Temperaturen bis 0°C vertragen, teilweise auch darunter.

Wasserbedarf: In den Sommermonaten ausreichend gießen, dann wachsen und blühen die Pflanzen optimal. Der Kaktus ist nicht empfindlich gegenüber Nässe.

Düngen: Im Sommer alle zwei bis drei Wochen, von Oktober bis März nicht düngen.

Probleme: Wollläuse.

Umtopfen: Wenn nötig im März/April.

Weitere Arten: Es gibt viele Hybriden. Weitere Arten sind die Mönchskappe *(A. ornatum)*, der Seeigelkaktus *(A.asterias)* und der Bockshorn-Astrophytum *(A. capricorne)* mit 6 bis 7 cm langen Dornen.

Greisenhaupt

Cephalocereus senilis

mittel

Aussehen: Schon als Jungpflanze hat dieser Kaktus weiße oder graue „Haare“, die nach einigen Jahren eine Länge von bis zu 30 cm erreichen können. Anfangs wächst er eher kugelig, im Alter entwickelt sich eine schlanke Säule, die bis 1 m und höher wird. Das Greisenhaupt kommt auf der Fensterbank nicht zum Blühen. Die Blüten werden in der Heimat (Mexiko) von Fledermäusen bestäubt.

Standort: Vollsonniger und warmer Platz – je wärmer, desto besser. Von Oktober bis März hell stellen, bei Lufttemperaturen über 8°C.

Wasserbedarf: Nässeempfindlich, daher nicht zu viel gießen. Von Oktober bis März sehr sparsam wässern, fast trocken halten.

Düngen: In der Wachstumsphase gering bis wenig, von Oktober bis März nicht düngen.

Probleme: Durch zu feuchte Pflege faulen die Wurzeln.

Umtopfen: Wenn nötig im März in durchlässige, lehmig-kiesige, saure Erde (pH-Wert 5 bis 6).

Silberkerze

Cleistocactus strausii

leicht

Aussehen: Die Art wird 1 m hoch und höher und entwickelt schlanke, silbrig behaarte, säulenförmige Stämme. Die orangefarbenen oder roten Blüten erscheinen von März bis August.

Standort: Vollsonniger bis halbschattiger, warmer Platz mit viel Frischluft im Sommer. Ab Ende Mai auch im Freien. Ende September kommt die Pflanze an einen hellen, 10 bis 16°C warmen Platz mit niedriger Luftfeuchte.

Wasserbedarf: Für gutes Wachstum und schöne Blüten muss im Sommer ausreichend gewässert werden: Von April bis August gießen, wenn die Erde abgetrocknet ist, aber nicht zu wenig. Weiches, abgestandenes Wasser verwenden. Auch im Winter zu keiner Zeit austrocknen lassen, am besten alle drei bis vier Wochen etwas gießen.

Düngen: In der Wachstumsphase alle zwei bis drei Wochen, von Oktober bis März nicht düngen.

Umtopfen: Wenn nötig im März/April in durchlässige Kakteen-Erde.

Weitere Arten: Geeignet für die Fensterbank sind auch der smaragdgrün blühende *C. smaragdiflorus*, *C. baumannii* und *C. candelilla*. *C. tupizensis* hat fuchsrote Dornen. Die Blüten von *C. winteri*, der für Ampeln geeignet ist, sind auch nachts geöffnet.

Geldbaum, Dickblatt

Crassula ovata

leicht

Aussehen: Die Blätter sind silbrig glänzend, speckig und sehen zum Teil fast aus wie Münzen. Die dicken, verzweigten Triebe werden 50 bis 150 cm hoch. Ob und wie lange ein Geldbaum blüht, hängt vom Standort (trocken, ca. 15°C) ab; die Blütezeit kann sich vom Spätherbst bis in den Frühsommer ziehen.

Standort: Sonniger Platz. Keine zu pralle Sonneneinstrahlung hinter der Fensterscheibe. Über Sommer auch im Freien. Ab August nahezu trocken halten und etwas kühler bei etwa 15°C pflegen, damit die Knospenbildung angeregt wird.

Wasserbedarf: Nur wenig gießen, denn die dicken Blätter und Triebe speichern viel Wasser. Von November bis Februar an einem kühlen Platz fast trocken halten.

Düngen: In der Wachstumsphase gering bis wenig, von November bis Februar nicht düngen.

Probleme: Blatt- und Wollläuse, Spinnmilben.

Umtopfen: Wenn nötig im Frühjahr in Kakteen-Erde. Da die Pflanze im fortgeschrittenen Alter leicht umkippen kann, sollte man einen schweren Topf verwenden, der sicher steht und nicht leicht kippt.

Echeverie

Echeveria-Arten und -Sorten

leicht

Aussehen: Echeverien werden 5 bis 25 cm hoch. Die Blätter sind in Rosetten angeordnet und silbrig bis rötlich. Die Blüten erscheinen von Januar bis Oktober und sind gelb, orange, rosa oder rot.

Standort: Sonnig bis hell, in den Sommermonaten auch im Freien. Im Winter sollten Echeverien etwas kühler bei 5 bis 10°C gehalten werden.

Wasserbedarf: Diese Pflanzen gehören zu den Dickblattgewächsen, die Wasser speichern können und gegenüber Trockenheit nicht empfindlich sind. Die Erde oberflächlich abtrocknen lassen, bevor man gießt. Im Winter nur ganz sparsam wässern, am besten fast ganz trocken halten. Nicht in die Rosette gießen.

Düngen: In der Wachstumsphase wenig, von Oktober bis Februar nicht düngen. Kakteen-Dünger verwenden.

Probleme: Bei zu warmem und dunklem Standort wachsen die Blattrosetten in die Länge und kippen um. Manchmal findet man Blattläuse an den Blüten.

Umtopfen: Wenn nötig im Februar/März in durchlässige Kakteen-Erde. Vorsicht beim Hantieren mit den Töpfen. Die Blättchen können leicht abbrechen.

Schwiegermuttersitz

Echinocactus grusonii

mittel

Aussehen: Kugeliger Wuchs, bis 60 cm Durchmesser, im Alter sogar mehr, wird auch Goldkugelkaktus genannt. An den Rippen gelblich, der Körper ist dunkelgrün. Die gelben Blüten erscheinen ab Juli bis September, aber dazu muss die Pflanze mindestens 25 Jahre alt sein.

Standort: Volle Sonne – je wärmer, desto besser. Wenn Sonne und Wärme fehlen, wächst die Pflanze nicht zufriedenstellend. Von Oktober bis März hell bei über 8°C halten.

Wasserbedarf: Nicht zu viel gießen, da die Pflanze etwas nässeempfindlich ist; von Oktober bis März fast trocken halten und nur sehr sparsam gießen.

Düngen: In der Wachstumsphase gering bis wenig, von Oktober bis März nicht düngen.

Probleme: Achtung, nicht zu feucht pflegen, weil es dann zu Fäulnis und Krankheiten kommen kann.

Umtopfen: Wenn nötig im März in durchlässige, lehmig-kiesige Kakteenerde. Wegen der Bedornung unbedingt Handschuhe tragen.

Weitere Art: Ähnlich großkugelig ist der Riesen-Igelkaktus (*E. platyacanthus*, syn. *E. ingens*).

Igelsäulenkaktus

Echinocereus-Arten und -Hybriden

leicht

Aussehen: Es gibt zahlreiche Arten, deren Blütenfarben von Weiß über Gelb und Orange bis Rot und sogar Grün variieren. Blütezeit ist von Mai bis August. Sie erreichen eine Höhe von 40 bis 100 cm. *E. salm-dyckianus* hat leuchtend orangefarbene Blüten, die 8 bis 10 Tage halten. Der rosa blühende *E. stramineus* kommt nur bei hohen Sommertemperaturen zur Blüte und der gelb blühende *E. subinermis* braucht im Winter etwa 6°C. *E. berlandieri* wächst zu kleinen Gruppen heran mit Blüten bis zu einem Durchmesser von 10 cm. Die beiden Arten *E. fitchii* und *E. pectinatus* entwickeln dichte Dornen.

Standort: Sonniger, warmer, luftiger Platz. Im Winter können die Pflanzen bei Temperaturen bis 0°C stehen.

Wasserbedarf: Erst wenn die Knospen eine Länge von etwa 1 cm erreicht haben, gießt man im Winter. Gibt man den Pflanzen vorher Wasser, können die Blüten stecken bleiben. In den Sommermonaten muss für eine schöne Blüte ausreichend gegossen werden.

Düngen: In der Wachstumsphase alle zwei bis drei Wochen, von Oktober bis März nicht düngen.

Probleme: Wollläuse.

Umtopfen: Wenn nötig von März bis April.

Blattkaktus

Epiphyllum-Hybriden

mittel

Aussehen: Die abgeflachten Triebe der Blattkakteen haben gezackte Ränder. Sie wachsen anfangs aufrecht und hängen später leicht über. Die großen, attraktiven Blüten bilden sich erst an älteren Blattsprossen. Die Blütenfarben reichen von Weiß, Creme, Gelb, Rosa oder Rot. Es gibt auch zweifarbige Züchtungen im Handel.

Standort: Schattig oder halbschattig, feuchtwarm, viel frische Luft. Im Herbst und Winter sollten sie im Zimmer stehen, hell, aber nicht in der prallen Sonne, bei Temperaturen über 10°C. Ab April wärmer stellen. Im Sommer ist ein warmer und geschützter Platz im Freien ideal. Ruhezeit von November bis Ende Februar.

Wasserbedarf: Regelmäßig gießen, im Winter mäßig feucht halten. Staunässe vermeiden.

Düngen: Mäßig düngen.

Probleme: Woll- und Schildläuse.

Umtopfen: Wenn nötig im Frühjahr in nahrhafte Humuserde.

Christusdorn

Euphorbia milii var. *milii*

! leicht

Aussehen: Die Triebe können bis zu 1,50 m lang werden. Sie sind stachelig und voll mit länglich ovalen, dunkelgrünen Blättchen. In den Blattachseln erscheinen das ganze Jahr über weiße, gelbe, rote oder grüne Blüten.

Standort: Je heller und sonniger der Christusdorn steht (auch im Winter), desto besser wächst und gedeiht er. Bei Zimmertemperaturen pflegen, im Winter zur Blütenbildung bei 15 bis 18°C etwas kühler stellen. Sorgen Sie für warmes Erdreich.

Wasserbedarf: Greifen Sie regelmäßig zur Gießkanne, besonders während der Blüte. Trockenheit wird zwar vertragen, kann aber Blattfall mit sich bringen.

Düngen: In der Wachstumsphase wenig, im Winter nicht düngen.

Probleme: Laubfall durch Gießfehler.

Umtopfen: Wenn nötig im März.

Achtung: Der Milchsaft ist giftig, daher bei Schnittmaßen oder beim Umtopfen Handschuhe tragen. Verletzungsgefahr wegen der Dornen.

Euphorbie

Euphorbia-Arten

! leicht

Aussehen: Je nach Art erreichen Euphorbien eine Höhe von wenigen Zentimetern bis zu 3 m Höhe. Die Dreikantige Wolfsmilch *(Euphorbia trigona)* bildet einen dicken Stamm, der mit rotbraunen Dornen und zahlreichen, kleinen, eiförmigen Blättchen geschmückt ist (siehe Foto). Die Bleistift-Euphorbie *(E. tirucalli)* besticht durch ihren bizarren Wuchs der bleistiftdünnen Triebe. Die Kaktus-Wolfsmilch *(E. ingens)* ähnelt mit ihrem geraden, bedornten Stamm eher einem Kaktus. Kugel-Euphorbien, wie zum Beispiel *E. obesa* oder *E. meloformis*, sind für alle, die wenig Platz haben, empfehlenswert.

Standort: Sonnig, bei Zimmertemperaturen; in der Ruhezeit kühler, aber nicht unter 10°C.

Wasserbedarf: Wenig, von September bis Februar noch sparsamer gießen. Darauf achten, dass die Erde nicht zu nass gehalten wird.

Düngen: In der Wachstumsphase gering bis mäßig, von September bis Februar nicht düngen.

Umtopfen: Wenn nötig im Februar/März in durchlässige Kakteen-Erde. Tragen Sie beim Umtopfen Handschuhe – wegen der Verletzungsgefahr durch die Dornen und wegen des Milchsaftes.

Achtung: Alle Euphorbien enthalten einen giftigen Milchsaft.

Haworthie

Haworthia-Arten und -Hybriden

leicht

Aussehen: Die Haworthie hat dicke Blätter, die mit Warzen oder Höckerchen und am Rand mit Zähnchen versehen sind. Die Zebra-Haworthie *(H. attenuata,* syn. *H. fasciata)* kommt häufig vor. Bei ihr sind die weißen Erhebungen auf den Blattaußenseiten zu „Zebrastreifen" zusammengewachsen. Die pflegeleichte *H. cuspidata* ist eine besonders blühwillige Art. Interessante Formen zeigen *H. picta* und *H. truncata*. Die kleinen, meist weißen oder grünweißen Blüten erscheinen im Frühjahr auf hoch über den Blattrosetten stehenden Blütenständen.
Standort: Heller Platz ohne pralle Mittagssonne. Im Winter kühler, bei 10 bis 15°C pflegen, sie vertragen aber auch wärmere Temperaturen.
Wasserbedarf: Gering, nur gießen, wenn die Erdoberfläche abgetrocknet ist. Nicht in die Rosette gießen. Nässe und Staunässe werden nicht vertragen.
Düngen: In der Wachstumsphase geringer Nährstoffbedarf; von Oktober bis Februar nicht düngen. Kakteen-Dünger verwenden.
Probleme: Bei zu feuchter Pflege faulen die Wurzeln.
Umtopfen: Wenn nötig im Februar oder März.

Flaschenpflanze

Jatropha podagrica

! mittel

Aussehen: Die Pflanze bildet einen dicken, flaschenförmigen, sukkulenten Stamm aus, der große, feigenähnliche Blätter trägt. Sie wird 50 bis 70 cm hoch. Die kleinen, roten Blüten an langen Stielen blühen von März bis September. Teilweise blüht die Pflanze, bevor die Blätter erscheinen. Blattfall im Herbst ist normal. Die Pflanze beginnt dann ihre Ruhezeit.
Standort: Hell oder halbschattig. Von März bis September bei 20 bis 25°C, während der übrigen Monate kühler, bei 16 bis 20°C, pflegen.
Wasserbedarf: In der Ruhezeit, nach dem Blattfall im Herbst, nur äußerst selten gießen, da die Pflanze sonst leicht fault. Ab März wenig gießen.
Düngen: Wenig düngen, Kakteen-Dünger verwenden. Von September bis Februar gar nicht düngen.
Umtopfen: Wenn nötig im Februar oder März.
Achtung: Die Pflanze enthält stark giftige Substanzen.

Samt-Kalanchoë, Elefantenohr

Kalanchoë beharensis

leicht

Aussehen: Das Elefantenohr kann bis zu 1 m groß werden und bildet große, auffällige, weiß behaarte Blätter.
Standort: Das ganz Jahr sonnig oder sehr hell, aber keine pralle Mittagssonne. Ab Oktober kühler halten, aber mindestens bei 10°C.
Wasserbedarf: Niedrig. Im Winter trockener halten und nur sehr vorsichtig gießen. Staunässe unbedingt vermeiden. Die Blätter dürfen nicht besprüht werden.
Düngen: In der Wachstumsphase wenig, von Oktober bis Februar überhaupt nicht düngen.
Probleme: Durch zu viel Nässe faulen Triebe und Wurzeln.
Umtopfen: Wenn nötig von Frühjahr bis Sommer.
Weitere Arten: Das Katzenohr *(K. tomentosa)* hat kleine, bräunliche oder graue, behaarte Blättchen und die gleichen Ansprüche wie die Samt-Kalanchoë. Brutblatt-Arten, wie die Schwiegermutterpflanze *(K. pinnata), K. scandens* und *K. daigremontiana* werden je nach Art 10 bis 80 cm hoch und haben grüne oder bunte, sukkulente Blätter mit kleinen Ablegern am Rand. Sie wollen hell oder sonnig stehen und vertragen auch pralle Mittagssonne. Sie sind auch unter dem Namen *Bryophyllum* bekannt.

Lebende Steine

Lithops-Arten

schwer

Aussehen: Die dicken, miteinander verbundenen Blattpaare sehen in der Masse wie nebeneinander liegende Steine aus. Pro Jahr bilden die Pflanzen im Frühjahr ein neues Blattpaar aus, das alte vertrocknet und zieht ein. Insgesamt werden sie nicht größer als 10 cm. Die weißen oder gelben Blüten erscheinen ab September/Oktober und öffnen sich mittags für einige Stunden.

Standort: Sehr sonniger Platz mit frischer Luft und Temperaturen um 20°C. Im Winter bei etwa 7 bis 15°C pflegen.

Wasserbedarf: In Abständen kräftig gießen, am besten über den Untersetzer. Zwischen den Wassergaben sollte das Erdreich völlig austrocknen. In der Ruhezeit im Winter nicht gießen! Erst wenn es wärmer und sonniger wird, sollte man das Substrat ab und zu anfeuchten. Nachdem das alte Blattpaar eingetrocknet ist, wird wieder gegossen.

Düngen: In der Wachstumsphase kaum, von Oktober bis Februar gar nicht düngen.

Probleme: Bei Nässe entsteht Fäulnis; Woll- und Wurzelläuse, Spinnmilben sowie Trauermücken.

Umtopfen: Wenn nötig im März oder August in durchlässige Kakteen-Erde.

Warzenkaktus

Mammillaria-Arten und -Hybriden

leicht

Aussehen: Mammillarien blühen in fast allen Farben von Weiß über Gelb, Orange, Rosa, Rot bis Violett. Es gibt auch zweifarbige Arten. Sie werden bis 40 cm hoch. Blütezeit bei allen Arten ist von Februar bis November. Der dicht bedornte Warzenkaktus *M. lenta* hat weiße Blüten mit rotem Mittelstrich. *M. longimamma* hat gelbe Blüten aus langen Warzen. *M. guelzowiana* wächst kompakt, gedrückt kugelig und besitzt große, purpurrote Blüten.

Standort: Ideale Anfänger-Kakteen. Sie verzeihen manchen Pflege-Fehler und eignen sich gut für die Kultur auf der Fensterbank. Am besten vollsonnig stellen – je wärmer, desto besser. Von Oktober bis März hell, bei Lufttemperaturen über 8°C pflegen.

Wasserbedarf: Nicht zu viel gießen, weil etwas nässeempfindlich. Von Oktober bis März sehr sparsam wässern, fast trocken halten.

Düngen: In der Wachstumsphase sehr wenig bis wenig, von Oktober bis März gar nicht düngen.

Umtopfen: Wenn nötig im März in Kakteenerde.

Madagaskarpalme

Pachypodium lamerei

leicht

Aussehen: Die Madagaskarpalme mit bis zu 1 m Höhe entwickelt einen säulenförmigen, stark bedornten, sukkulenten Stamm, an dem lange, schmale Blätter wachsen.

Standort: Sonnig bis hell. Im Sommer auch an einem sehr geschützten Platz mit Regenschutz im Freien. Von März bis September toleriert sie sogar Temperaturen über 30°C. Während der übrigen Monate kühler halten, aber nicht unter 15°C. Die Madagaskarpalme verträgt sogar trockene Heizungsluft.

Wasserbedarf: Vor dem Gießen muss die Erde abtrocknen. Die Ruhezeit beginnt, wenn die Blätter im Herbst gelb werden; ab diesem Zeitpunkt bis zum Frühjahr wird nur sehr sparsam gegossen.

Düngen: Wenig Kakteen-Dünger geben; in der Ruhezeit nicht düngen.

Probleme: Wenn die Pflanze zu viel gegossen oder gedüngt wird, verfärben sich die Blätter schwarz oder sterben ab. Spinnmilben können auftreten. Vorsicht, die Pflanzen reagieren empfindlich auf ölhaltige Pflanzenschutzmittel.

Umtopfen: Wenn nötig im Februar/März.

Achtung: Enthält giftige Substanzen. Verletzungsgefahr durch die Dornen!

Osterkaktus

Rhipsalidopsis gaertneri

leicht

Aussehen: Der Osterkaktus mit zahlreichen Züchtungen zählt zu den pflegeleichtesten Kakteen. Im Handel findet man ihn auch oft unter dem Namen *Hatiora gaertneri*. Er wächst leicht überhängend und ist daher hervorragend für Ampeln geeignet. Die Triebe sind abgeplattet und tragen an der Spitze zahlreiche weiße, rosafarbene oder violette, auch orangefarbene und rote Blüten, die von März bis Juni erscheinen. Der Osterkaktus wird 30 bis 40 cm groß.
Standort: Hell bis halbschattig, bei hoher Luftfeuchtigkeit. Im Sommer können Sie ihn auch draußen – halbschattig bis schattig – aufstellen. Im Winter sonnig oder hell und nicht unter 10°C Raumtemperatur halten.
Wasserbedarf: Mäßig gießen. Auch im Winter nur wenig gießen.
Düngen: In der Wachstumsphase wenig, von September bis März nicht düngen.
Probleme: Schildläuse.
Umtopfen: Wenn nötig nach der Blüte in durchlässige, nährstoffreiche Erde (pH-Wert 4 bis 5,5).

Weihnachtskaktus

Schlumbergera-Hybriden

mittel

Aussehen: Mit seinen abgeflachten Trieben ähnelt der Weihnachtskaktus dem Osterkaktus. Durch die leicht hängenden, bis 40 cm langen Triebe ist er eine ideale Ampelpflanze. Die weißen, gelben, roten, orange- oder rosafarbenen Blüten erscheinen im Winter von November bis Januar. Es gibt auch zweifarbige Sorten.
Standort: Hell bis halbschattig, bei hoher Luftfeuchtigkeit. Wenn die Pflanze im Sommer im Freien steht, ist ein halbschattiger bis schattiger Platz ideal. Im Winter sonnig oder hell bei Zimmertemperaturen aufstellen.
Wasserbedarf: Mäßig. Achtung, im September und Oktober unbedingt nahezu trocken halten, ansonsten setzen die Pflanzen keine Blüten an.
Düngen: In der Wachstumsphase wenig, von September bis März überhaupt nicht düngen.
Probleme: Woll- und Schildläuse können auftreten.
Umtopfen: Wenn nötig im März/April in durchlässige, nährstoffreiche, humose Erde.

Fetthenne

Sedum-Arten

leicht

Aussehen: *Sedum* ist eine vielfältige Gattung mit mehreren Hundert Arten. Die Affenschaukel (siehe Foto, *S. morganianum*) mit ihren kleinen Blütchen am Ende der hängenden Triebe eignet sich gut für Ampeln. Die Ampel-Fetthenne *(S. rubrotinctum)* bildet bei viel Sonne eine auffallende, rötliche Blattfarbe. Therersienkraut oder Oktober-Fetthenne *(S. sieboldii)* muss kühl überwintert werden und kann in milden Gebieten sogar mit Winterschutz draußen bleiben. Das Schnapsnäschen *(S. pachyphyllum)* hat blassgrüne Blättchen mit roter „Nase".
Standort: Sonnig oder sehr hell, im Sommer auch im Freien. Vor den ersten Frösten müssen sie eingeräumt werden. Bei Temperaturen um 10°C setzen sie neue Blüten an.
Wasserbedarf: Gering, da die Blätter Wasser speichern. Vor dem Gießen prüfen, ob die Erde abgetrocknet ist. Im Winter sparsamer wässern.
Düngen: In der Wachstumsphase wenig, von Oktober bis Februar nicht düngen. Kakteen-Dünger verwenden.
Probleme: Fäulnis bei zu nasser Pflege. Bei der Affenschaukel brechen die Blättchen leicht ab.
Umtopfen: Wenn nötig von Februar bis März in durchlässige Kakteen-Erde.

Venusfliegenfalle

Dionaea muscipula

mittel

Aussehen: Die Blätter sind zu Klappfallen mit gezähntem Rand umgewandelt und bei hellem Stand innen rötlich. Sie können sich in Sekundenschnelle schließen. Jede Falle kann sich etwa fünfmal schließen, dann geht sie ein. Die Fallen werden nur 10 cm hoch. Die weißen Blüten erscheinen von April bis Juni und stehen auf etwa 50 cm langen Blütenstielen.

Standort: Ein vollsonniger Standort ist nötig, besonders im Winter. Hohe Luftfeuchtigkeit! Besprühen mit Wasser reicht nicht aus, daher ist vor allem im Winter ein geschlossenes Blumenfenster oder eine Glaskugel ideal. Von Oktober bis März sollten die Temperaturen bei etwa 10°C liegen.

Wasserbedarf: Kalkfreies Wasser – am besten Regenwasser oder destilliertes Wasser, dem 10% Leitungswasser zugefügt wurde – verwenden und den Fuß immer feucht halten. Im Winter nicht ganz so nass halten.

Düngen: Sehr geringer Nährstoffbedarf.

Probleme: Bei Lichtmangel färben sich die roten Fallen nicht aus, bei zu geringer Luftfeuchtigkeit kümmern die Pflanzen. Blattläuse, Thripse, Trauermückenlarven.

Umtopfen: Regelmäßig im Februar/März.

Sonnentau

Drosera aliciae, D. capensis

mittel

Aussehen: Der Fangschleim an den Blättern ist harmlos, er sorgt für Lichtreflektionen, die die Insekten anlocken, und für das Festhalten der Beute. *D. capensis* und *D. aliciae* werden am häufigsten angeboten; sie erreichen etwa 10 cm Höhe, die Blütentriebe bis 30 cm. Die weißen oder roten Blüten erscheinen von März bis August.

Standort: Sonnig bis sehr hell, auch im Winter. Die Temperaturen sollten in den kalten Monaten zwischen 8 und 12°C liegen. Sie können auch ganzjährig warm stehen, wenn für genügend Licht gesorgt ist.

Wasserbedarf: Kalkfreies Wasser – am besten Regenwasser oder destilliertes Wasser, dem 10% Leitungswasser zugefügt wurde – verwenden und den Fuß immer feucht halten. Hohe Luftfeuchte! Besprühen mit Wasser ist nicht ratsam. Besonders im Winter braucht die Pflanze einen Platz in einer Vitrine, einem geschlossenen Blumenfenster oder in Glaskugeln bzw. -flaschen.

Düngen: Sehr geringer Nährstoffbedarf. Es muss nicht gedüngt werden.

Probleme: Ohne hohe Luftfeuchtigkeit vertrocknen die Blätter. Bei Lichtmangel werden die Blätter grün und weich. Blattläuse, Schnecken, Trauermückenlarven und Grauschimmel.

Umtopfen: Regelmäßig im Februar/März.

Kannenpflanze

Nepenthes-Hybriden

mittel

Aussehen: Kannenpflanzen beteiligen sich nicht aktiv am Insektenfang. Die Beute fällt in die Kanne, die Verdauung dauert zwei bis fünf Tage. Die Einzelkanne hat eine Lebensdauer von etwa drei Monaten.

Standort: Hell, auch im Winter, bei 15 bis 30°C. Volle Sonne im Sommer vermeiden. Besprühen alleine reicht bei trockener Luft nicht aus, daher am besten in einer Vitrine, Glasglocke oder einem geschlossenen Blumenfenster halten. Neue Hybriden kommen oft auch mit einer geringeren Luftfeuchtigkeit aus, die Ausbildung von Kannen ist aber dann nicht sicher.

Wasserbedarf: Ausreichend feucht halten, Substrat- und Luftfeuchte müssen mindestens 60% betragen. Kalkfreies Wasser verwenden, wie Regenwasser oder destilliertes Wasser, dem 10% Leitungswasser zugefügt wurden.

Düngen: Geringer Nährstoffbedarf. Wenn genügend Insekten zur Verfügung stehen, was im Sommer meist der Fall ist, reicht das. Eine leichte zusätzliche Düngung (zwei- bis dreimal im Jahr Orchideen-Dünger) wird von großen Pflanzen gut vertragen.

Probleme: Bei Lichtmangel und zu niedriger Luftfeuchtigkeit keine Ausbildung der Fallen; Blattläuse, Schildläuse, Thripse.

Umtopfen: Wenn nötig im Frühjahr.

Bezugsquellen

Die ausführlichen Angaben zu den Firmen finden Sie unter „Adressen".
Seite 4/5: Gefäß Stone Line, Scheurich
Seite 17: Hängeampeln Feelings, Scheurich
Seite 19: Gefäß Africa, Leni
Seite 21: rot-gelb-karierter Keramiktopf, Leni
Seite 22: Streifentopf Marlene, Leni
Seite 30: Gefäß Lechuza Quadro, Lechuza
Seite 31: Zimmerspringbrunnen Varese, Leni
Seite 34: Hyazinthengläser, cordatum.de
Seite 37: Bewässerungskugeln, cordatum.de
Seite 41: Gefäß Cosa, Leni
Seite 44: Gefäß Lechuza Cubico, Lechuza
Seite 54: Pflanzenroller, Wagner System
Seite 57: Fixierband, tesa AG
Seite 60: Gefäß Welle, Leni
Seite 61: Gefäß Toscana Rustica, Fritz Prenner Importe, Luwasa Hydroculture Österreich
Seite 72/73: Wintergarten, SOLARLUX Aluminium Systeme GmbH
Seite 74: Wintergarten, Jechnerer GmbH
Seite 75: Gefäß Almada, Leni
Seite 77: Wintergarten, SOLARLUX Aluminium Systeme GmbH
Seite 104: Gefäß Tivoli, Leni
Seite 125: Gefäß, Leni

Adressen

Orchideen
Großräschener Orchideen
H.-J. Wlodarczyk
W.-Seelenbinder-Str. 21
01983 Großräschen
Telefon: 035753/5791
Fax: 035753/16225
E-Mail: petrawlodarczyk@web.de
www.orchideenwlodarczyk.de

Orchideen Zentrum Wichmann GmbH
Tannholzweg 1–3
29229 Celle – OT Groß Hehlen
Telefon: 05141/9372-0
Fax: 05141/9372-10
www.orchideen-wichmann.de

Wilhelm Hennis Orchideen
Große Venedig 4
31134 Hildesheim
Telefon: 05121/35677
Fax: 05121/38320
E-Mail: kontakt@hennis-orchideen.de
www.hennis-orchideen.de

Palmen
Palme Per Paket
Tobias W. Spanner
Tizianstr. 44
80638 München
Telefon: 089/1577902
Fax: 089/15704284
E-Mail: mail@palmeperpaket.de
www.palmeperpaket.de

Tongranulat, Hydrokultur & Pflanzgefäße
Seramis Masterfoods GmbH
Eitzer Str. 215
27283 Verden (Aller)
E-Mail: contact.de
@masterfoods.com
www.seramis.de

Gebr. Lenz GmbH
LENI home Design
Gewerbegebiet „Am Schlöten"
Postfach 1352
51691 Bergneustadt
Telefon: 02261/4099-0
Telefax: 02261/4099-150
E-Mail: info@leni.de
www.leni.de
www.hydrokultur.com

Lechuza
Brandstätter Group
Geobra Brandstätter GmbH + Co. KG
Brandstätter Str. 2–10
905131 Zirndorf
Telefon: 0911/9666-660
Telefax: 0911/9666-178
E-Mail: info@lechuza.de
www.lechuza.de

Fritz Prenner Importe
Luwasa Hydroculture Österreich
Sandweg 6
A-3390 Melk
Telefon: 0043 (0)2752/526640
Telefax: 0043 (0)2752/5365420
E-Mail: office@luwasa.at
www.luwasa.at

Übertöpfe, Pflanzenmöbel & Zubehör
Scheurich GmbH & Co KG
Gottlieb-Wagner-Straße
63924 Kleinheubach
Telefon: 09371/507-0
Telefax: 09371/507-101
E-Mail: scheurich@scheurich.de
www.scheurich.de

tesa AG
Quickbornstraße 24
20253 Hamburg
Telefon: 040/4909-101
Telefax:040/4909-6060
www.tesa.de

Wagner System GmbH
Tullastr. 19
77933 Lahr
Telefon: 07821/9477-0
Telefax: 07821/9477-60
E-Mail: info@wagner-system.de
www.wagner-system.de

Pflanzenschutzmittel, Nützlinge, Erden & Dünger
W. Neudorff GmbH KG
An der Mühle 3
31860 Emmerthal
Beratungstelefon: 0180/5638367
(1 Min. = 0,12 € aus dem deutschen Festnetz)
0049 5155/6240 (für Anrufer aus dem Ausland)
Telefax: 05155/6010
E-Mail: info@neudorff.de

Bewässerungssysteme
Edith Bambach
Peter-Spring-Str.18
65366 Geisenheim
Telefon: 06722/972168
Telefax: 06722/75157
E-Mail: info@blumat.de
www.blumat.de

Wintergärten
Jechnerer GmbH
Industriestraße 10
91567 Herrieden
Telefon: 09825/940-0
Telefax: 09825/940-77
E-Mail: info@jechnerer.de
www.jechnerer.de

SOLARLUX Aluminium Systeme GmbH
Gewerbepark 9–11
49143 Bissendorf
Telefon: 05402/400-0
Telefax: 05402/400-200
E-Mail: info@solarlux.de
www.solarlux.de

Register

Die **halbfett** markierten Seitenzahlen verweisen auf Abbildungen.

Bildnachweis

Mit 317 Farbfotos von:
Azerca, Bonn: 38 oli; **Blumat, Weninger GmbH & Co. KG**, A-Telfs: 37 uli; **Blumenbüro Holland**: 41 u, 49 oli, 97 li, 103 Mi, 104 Mi, 111 Mi, 112 re, 119 re, 121 li, 130 Mi, 130 re, 133 li; **Thomas Carow**, Münnerstadt: 28 u, 133 Mi; **Flora Press**, Hamburg: 2/3, 5 oli, 5 ure, 6/7, 10/11, 14/15, 17 oli, 18 oli, 18 ore, 23 ure, 24, 25 o, 25 ure, 26 oli, 26 uMi, 29 ure, 31 oli, 32 uli, 33 ure, 37 Mire, 40, 42/43, 44 uli, 45 oli, 45 oMi, 45 ore, 45 ure, 46, 47 oli, 47 oMi, 47 ore, 47 uli, 47 ure, 49 ore, 50 li, 54 oli, 55 ore, 64 oli, 64 ure, 69 oli, 70 uli, 70 uMi, 70 ure, 71 u, 78 uli, 80/81, 83 li, 83 Mi, 87 li, 89 li, 90 Mi, 92 re, 94 re, 95 li, 97 Mi, 100 re, 103 li, 105 re, 108 Mi, 111 re, 112 Mi, 113 li, 113 Mi, 116 Mi, 117 re, 122 Mi, 123 re, 124 re, 125 re, 126 li, 127 re, 128 li, 104 li, 131 re; **Floradania**, DK-Odense: 4 ure, 21 u, 27 u, 29 oMi, 84 li, 82 re, 86 Mi, 88 re, 90 re, 92 Mi, 93 li, 96 Mi, 106 li, 106 Mi, 107 li, 107 re, 108 li, 108 re, 109 li, 112 li, 113 re, 114 Mi, 115 re, 116 li, 117 li, 117 Mi, 118 re, 119 Mi, 120 Mi, 121 re, 126 re, 129 Mi, 129 re, 132 Mi, 132 re, 133 re; **Gartenschatz GmbH**, Stuttgart: 82 li, 89 Mi, 89 re, 90 li, 91 li, 91 re, 93 re, 94 li, 96 li, 98 (alle drei), 99 (alle drei), 102 re, 105 Mi, 109 Mi, 110 Mi, 114 li, 115 Mi, 116 re, 120 re, 127 Mi, 128 Mi, 132 li; **Glasmanufaktur von Poschinger**: 34 uli, 37 ure; **Martin Haberer**, Nürtingen: 101 li, 126 Mi; **Die Grüne Fotoagentur Britta Henseler**, Wolfratshausen: 65 uMi, 66 oli, 66 uMi, 66 ure, 67 ore; **Jechnerer GmbH**, Herrieden:74 ure; **Ewald Kleiner**, Radolfzell: 32 o, 127 li, 128 re, 131 Mi; **Kosmos/Roppelt**, Stuttgart: 56 Mire, 66 ore, 84 Mi, 97 re, 100 li, 101 Mi, 101 re, 115 li; **Engelbert Kötter**, Walldürn-Rippberg: 65 Mi; **Leni Gebr. Lenz GmbH**, Bergneustadt: 19 o, 21 re, 22 u, 30 re, 31 Mire, 41 o, 44 ore, 60 o, 60 u, 75 u, 104 re, 125 li; **Lisa Blumen & Pflanzen/Krieg**, Offenburg: 8/9, 12/13, 16, 25 ore, 50 re; **Mein schöner Garten/Krieg**, Offenburg: 48 o, 48 uli, 48 ure, 49 uli, 49 uMi, 49 ure; **W. Neudorff GmbH KG**, Emmerthal: 67 u; **Photosplant**, NL-Hoselersdijk: 96 re; **Fritz Prenner Importe, Luwasa Hydroculture Österreich**, A-Melk: 61; **Wolfgang Redeleit**, Bienenbüttel: 23 ore, 55 oMi, 56 ore, 69 uli, 85 Mi, 87 re; **Reinhard-Tierfoto/Hans Reinhard**, Heiligkreuzsteinach-Eiterbach: 23 oli, 28 o, 29 oli, 32 ure, 57 uli, 59 o, 65 Mire, 66 Mire, 67 oli, 67 Mi, 82 Mi, 83 re, 86 re, 88 Mi, 91 Mi, 92 li, 100 Mi, 102 Mi, 106 re, 111 li, 118 Mi, 119 li, 120 li, 123 li, 125 Mi, 129 li, 130 li; **Reinhard-Tierfoto/Nils Reinhard**, Heiligkreuzsteinach-Eiterbach: 75 oli, 76 ure, 79 ure, 131 li; **Scheurich GmbH & Co. KG**, Kleinheubach: 17 u, 4 uli, 44 uli; **Seramis Masterfoods GmbH**, Verden: 62 oli, 62 ore, 63 oli, 63 oMi, 63 ore, 63 u, 74 oli; **Solarlux Aluminium Systeme GmbH**, Bissendorf: 72/73, 77; **Tobias Spanner**, München: 122 li; **Stars for Europe**: 38 uli, 38 uMi, 38 ure, 39 uli, 39 ure, 87 Mi; **Friedrich Strauß**, Au-Seysdorf: 19 u, 20, 21 o, 22 o, 25 uli, 27 ore, 30 li, 31 u, 33 ore, 34 o, 35 u, 35 ore, 36 o, 36 u, 37 o, 39 o, 51 ore, 51 uli, 52/53, 55 oli, 56 oli, 58 o, 58 uMi 58 ure, 59 uli, 59 uMi, 59 ure, 64 ore, 68, 69 ure, 69 ore, 71 o, 75 ore, 76 uli, 78 ore, 79 oli, 84 re, 85 li, 85 re, 86 li, 88 li, 93 Mi, 94 Mi, 95 Mi, 95 re, 102 li, 103 re, 105 li, 107 Mi, 109 re, 110 li, 110 re, 114 re, 118 li, 121 Mi, 122 re, 123 Mi, 124 li, 124 Mi; **tesa AG**, Hamburg: 57 ore; **Wagner System GmbH**, Lahr: 54 ure;

Mit 1 Illustration von:
Leni Gebr. Lenz GmbH, Bergneustadt: 60 u.

Impressum

Umschlaggestaltung von Atelier Reichert, Stuttgart.
Umschlagvorderseite mit 5 Fotos von Gartenschatz GmbH, Stuttgart (Kamelie, Palme, Orchidee) und Flora Press, Hamburg (Aloe).
Umschlagrückseite mit 4 Fotos von Friedrich Strauß, Au/Seysdorf (Begonie); Flora Press, Hamburg (Pfeilwurz und Bromelien) und Ewald Kleiner, Radolfzell (Kakteenblüte).

Mit 317 Farbfotos und 1 Farbillustration.

Bibliografische Informationen der Deutschen Nationalbibliothek
Die Deutsche Nationalbibliothek verzeichnet diese Publikation in der Deutschen Nationalbibliografie; detaillierte bibliografische Daten sind im Internet über http://dnb.ddb.de abrufbar.

Unser gesamtes lieferbares Programm und viele weitere Informationen zu unseren Büchern, Spielen, Experimentierkästen, DVD, Autoren und Aktivitäten finden Sie unter **www.kosmos.de**

Gedruckt auf chlorfrei gebleichtem Papier

1. Auflage

ISBN 978-3-440-10644-0
Redaktion: Carolin Krank
Produktion: Siegfried Fischer
Grundlayout: Atelier Reichert, Stuttgart
Gestaltung: Guido Schlaich, München
Printed in Germany/Imprimé en Allemagne

Alle Angaben in diesem Buch sind sorgfältig geprüft und geben den neuesten Wissensstand bei der Veröffentlichung wieder. Da sich das Wissen aber laufend in rascher Folge weiterentwickelt und vergrößert, muss jeder Anwender prüfen, ob die Angaben nicht durch neuere Erkenntnisse überholt sind. Dazu muss er zum Beispiel Beipackzettel zu Dünge-, Pflanzenschutz- bzw. Pflanzenpflegemitteln lesen und genau befolgen sowie Gebrauchsanweisungen und Gesetze beachten.

Giftigkeit von Zimmerpflanzen
Es wird allgemein empfohlen, mit allen Zimmerpflanzen eine gewisse Vorsicht walten zu lassen und sie vor allem dem Zugriff kleiner Kinder zu entziehen.
Allergische Kontaktreaktionen können bei empfindlichen Personen grundsätzlich nicht ausgeschlossen werden.
In diesem Buch werden Hinweise auf giftige Substanzen gegeben, die in den Pflanzen enthalten sind. Eine Vollständigkeit ist nicht gewährleistet.
Natürlich gibt es besonders giftige Vertreter, wie die Dieffenbachie, die in einem Haushalt mit Kindern, besonders Kleinkindern, nichts zu suchen haben.

Expertenwissen für Ihre Fensterbank

Angelika Throll (Hrsg.)
Was blüht auf der Fensterbank?
320 Seiten, über 500 Abbildungen
€ 12,95; €/D 13,40; sFr 22,70
ISBN 978-3-440-10780-5

- Das umfassende Nachschlagewerk für alle Zimmerpflanzenfreunde – mit über 500 Abbildungen.
- Palmen, Blüten- und Fruchtschmuckpflanzen, Kakteen und vieles mehr – alles über Standort, Pflege und Sortenwahl.

Joachim Erfkamp
Orchideen
96 Seiten, 160 Abbildungen
€ 7,95; €/D 8,20; sFr 14,20
ISBN 978-3-440-09638-3

- Exotische Blütenpracht auf der Fensterbank – so blühen und gedeihen Orchideen.
- Alles über Auswahl, Sorten und Pflege. Mit wertvollen Tipps vom Orchideen-Spezialisten Joachim Erfkamp.

Thomas Carow
Fleischfressende Pflanzen
48 Seiten, ca. 70 Abbildungen
€ 4,95; €/D 5,10; sFr 8,90
ISBN 978-3-440-10176-6

- Faszinierende Fallensteller – Sonnentau, Venusfliegenfalle, Kobralilie und Co.
- Ob schöne Anfänger-Karnivoren oder anspruchsvolle Raritäten, erprobte Expertentipps helfen bei der erfolgreichen Pflege.

www.kosmos.de

Preisänderung vorbehalten

KOSMOS